U0119068

The History and
Sovereignty
of South China Sea

南海的
历史与主权

[英]安东尼·卡蒂 | 著
王 祥 武 巍 拾 壹 | 译
周 健 | 特约顾问

新 星 出 版 社　NEW STAR PRESS

contents
目录

1900—1975 年涉及西沙群岛
所有权的英国和法国档案

序言 |

笔者以尽可能完整的历史叙述形式呈现出英国、法国和美国的档案资料，使读者对所揭示的内容形成自己的判断。这样做会造成重复，并且所包含的材料里似乎并没有增加任何绝对能支持其论证的材料。同时，笔者对有关斯普拉特利群岛①和帕拉塞尔群岛②的所有档案均拍了照片，还有许多材料并没有收入本书，但遇有请求可以提供。

虽然材料呈现方式尽可能地保持历史叙事的中立性，但以作者观点看，一些法律历史事实显得非常突出。在"帕拉塞尔群岛"问题上，英国外交部驻部国际法专家明确且一致的意见是，基于对领土有关国际法的西方理解，"帕拉塞尔群岛"属于中国。在清朝末年，即1909年，中国有效地占领了帕拉塞

---

① 原文"Spratley Islands"，系指中国南海诸岛的南沙群岛，下同。——译者注
② 原文"Paracel Islands"，系指中国南海诸岛的西沙群岛，下同。——译者注

1

尔群岛。英国向来承认这一事实。英国也曾向中国和法国公开表明这一立场，且在往来外交文书中予以确认。

尽管法国的立场较为复杂，但从法律角度看，它与英国的立场大致相同。阿里斯蒂德·白里安（Aristide Briand）在两次世界大战期间的欧洲事务中有举足轻重的地位，他也是 1928 年非战公约即《凯洛格-白里安公约》（Kellog-Briand Pact）的共同签署人。1921 年，时任法国外交部长的他认为中国在 1909 年对帕拉塞尔群岛的占领是确定性的，且已被法国所接受。1931 年，在法属印度支那政府的施压下，旧事重提。白里安还是法国外交部长，但此次他征询了法国外交部法律顾问尤里斯·巴德万（Jules Basdevant）的意见。在国际法圈子中，巴德万与白里安齐名，1945 年后他成为国际法院的法国籍法官。巴德万承认，在法律上存在着一定的不确定性，但根据他的意见，在 1928 年帕尔马斯岛（Palmas Is.）仲裁案后不久，较好的判断应该是，不管越南在 19 世纪初对帕拉塞尔群岛有过什么主张，这些主张均已失效，中国人1909年的领土主张是有效的，法国已予默许并承认。白里安评论说，这也是他本人1921年的观点。

尽管如此，出于政治投机原因（对此本书将详尽展示），法国人选择将此作为一项越南主张公开提出，法属印度支那政府认为这一主张可以利用。但是，法国的国际法顾问们从1933年到1956年却始终如一地认为并反复强调这一主张在法律上毫无依据。

至于斯普拉特利群岛，情况要复杂得多，尽管如此，直到1974年英国法律顾问才最终得出清晰的结论，它们也是中国的。在19世纪后期，英国本身也对斯普拉特利群岛部分岛礁提出领土要求。然而，在法国于1933年7月兼并斯普拉特利群岛时，英国听从自己法律官员的建议，即英国从未对这些岛屿礁实施过有效占领。法国主张这些岛屿为无主地（res nullius），因此通过《官方公报》（Official Journal）宣布予以正式兼并，并通过法国海军采取象征性占领行动。然而事情很快就清楚了，法国和英国一样，并没有按照国际法的要求实施对有关岛屿的占领。英国从未承认法国的权利主张，并在1938至1939年间对有关岛屿一直无人占据深表关注。1945年以后，法国外交部驻部国际法顾问的意见依然是法国的权利主张问题很大，因为在宣布正式兼并后并未伴随占领有关岛屿。尽管如此，法国人反对中国、菲律宾和越南对斯普拉特利群岛的有关权利主张直到1955—1956年，并一再强调法国对斯普拉特利群岛一向是以自己的名义行事，而非以越南的名义行事。

特别是1956年以来，随着在斯普拉特利群岛问题上关系紧张加剧，英国外交部国际法专家和历史研究局对斯普拉特利群岛的所有权问题给予密切和全面的关注。外交部经与海军部协商后决定，作为一项国际法议题，斯普拉特利群岛是中国的。法国人曾提出过领土主张，但是他们放弃了。法国之后，中国是与这些岛屿联系最紧密的国家。这一立场为外交大臣所正式确认，并于1974年6月被提交给英国内阁国防和海外政策委员会。换言之，这是一件有正式和公开记录的事情。

从 19 世纪 70 年代直到第二次世界大战，法国和英国是影响东南亚的主要大国。1945 年后，美国成为影响这一地区的主要大国，但法国势力有效存在直到 1956 年，英国势力存在至少一直持续到 20 世纪 60 年代。尽管如此，在旧金山会议上，东亚地区领土秩序的取舍与否，是由美国来决定的。美国人认定，在日本人于 1945 年被迫放弃对帕拉塞尔群岛和斯普拉特利群岛的兼并后，还是将帕拉塞尔群岛和斯普拉特利群岛的所有权问题搁置为好。美国这一决定主要是由约翰·福斯特·杜勒斯 (John Foster Dulles) 所主导的。美国档案记录显示，在 1943 年至 1946 年、1949 年至 1951 年、1956 年和 1974 年这些时间里，美国在帕拉塞尔群岛和斯普拉特利群岛问题上具有纯粹的地缘政治利益。对两个群岛的领土主权问题并不被看作是重要的。美国档案记录大部分都发表在《美国外交关系》(Foreign Relations of the United States) 中。文件表明，美国首先关心的是将中国排除在两个群岛之外。帕拉塞尔群岛和斯普拉特利群岛不应落入"共产党中国"之手。

总之，美国及其盟国目前的外交法律立场是，不管怎样，中国、越南、菲律宾、马来西亚和文莱对帕拉塞尔群岛和斯普拉特利群岛提出的主张，应通过一个国际法庭的妥善裁决来决定。这是国际法治的要求。换言之，中国应承诺与所有这些国家进行多边谈判，不管是什么问题，即使没有一项明确的问题。西方外交法律立场是虚伪的，也是险恶的。

毫无疑问，通过 2016 年所谓南海仲裁案可以看出，中国对于国际法治的西方观念不能有所期待。由于西方不能确保裁定南海诸岛不属于中国的举措能够成功，那么作为最后手段，特别仲裁庭的欧洲籍法官可以尽他们自己的一份努力，这就是做出让全世界都感到吃惊的声明：南海诸岛，说到底根本就不是什么岛屿，西方国际法治规则已把它们彻底抹去。

安东尼·卡蒂（Anthony Carty）

本书由两个各自独立的部分组成，每个部分都基于档案研究，主要是法国和英国的档案，但也有一小部分是美国档案。这种工作得益于我在英国做国际法学者期间所获得的一些技术方法。我在以档案为基础的出版物中不断积累有关技术方法，特别是我与理查德·史密斯博士（Dr Richard Smith）合著《杰拉尔德·菲茨莫里斯爵士与世界危机：外交部法律顾问（1932—1945）》，由威科（Wolters Kluwer）集团于 2000 年出版。①理查德·史密斯是一位档案历史学家，他教会我使用英国档案的技术方法以及如何跳出档案进行叙述的艺术。最后一点是极其重要的，毕竟本书有关部分不是以法律意见书的形式写就。它们是作为历史而写下的。在历史的书写中，法律专家可以起点作用，但并不必然是主导

---

① *Sir Gerald Fitzmaurice and the World Crisis: A Legal Adviser in the Foreign Office 1932–1945.*

作用。

我于 2009 年就职于香港大学法律系，担任包玉刚爵士公法讲座教授，继续作为一名国际法学者从事学术研究。2011 年，我应邀参加中国海洋发展战略研究所在北京举办的研讨会。这一个关于海洋事务的智库机构，设有法律部门。为参加此会，我到英国国家档案馆去查阅资料，发现一份由法律顾问艾琳·登齐尔（Eileen Denzil）出具的法律意见书。我在研讨会上做了介绍，法律意见书引发热议。为此，我聘请梅丽莎·洛哈博士（Dr Melissa Loja）作为研究助理，共同研究美国档案，特别是美国战时委员会有关战后东亚规划的缩微胶片文件以及美国国务院的一些电报等。洛哈博士对于讲好美国有关南沙群岛故事方面做出重要贡献。

我从事这项研究并没有受到中国官方部门委托，也没有得到反馈，这项研究是完全独立进行的，我迄今尚未发现这项研究被用于其他用途。我一贯的理解是，我可以自由地把这项研究在学术论坛上发表。这也是我到现在一直做的。关于帕拉塞尔群岛和斯普拉特利群岛的两项研究已在 2019 年 1 月和 7 月出版的《万民法：国际法律史年刊》第 4 卷②上发表。第三项研究是关于 2016 年菲律宾南海仲裁案③的评论。在 2017 年上海交通大学法学院举办的一个国际研讨会后，这一评论被发表在中国的《海洋法评论》上，尚未以英文发表。

构成本书帕拉塞尔群岛和斯普拉特利群岛研究基础的有关档案，在我自 2011 年至 2017 年研究期间，在法国和英国是向普通公众开放的。参阅档案无需特别许可。

如上所述，本书研究成果并非作为法律建议而写成，而是历史叙述。这就给国际法的渊源学说，特别是一般习惯法的学说提出一些问题。由于历史叙述基于事件和事实的世界，严格地说，只要档案史并未写明相关国家表达明确意见或采取相应行动，那么档案记录仅为内部思考，不产生国家实

---

② Jus Gentium, Journal of International Legal History, volume 4.

③ The Republic of Philippines vs The People's Republic of China, Case No. 2013-19, PCA.

践。尽管如此，这里需要一些限定条件。如果档案揭示，一个国家所为违背本国法律顾问的专业思考，该当如何？如果一国法律、政治和历史顾问一致认为，就"法律权利"而言应支持争端当事国某一方，而国家却选择在当事国各方之间保持所谓的"中立"立场，那又当如何？国家在面临一个争端问题时所谓的中立立场是否受到对有关问题的制度记忆和历史记忆的影响？这个问题尤其紧迫，特别是所谓"中立国家"认为，它鼓励国际法治可以派出一支海军，而它实际上所针对的是争端当事国一方的海军力量，对于当事国其他各方而言是贡献帮助。还可能存在另一种情况，档案记录显示一国认为争端当事国某一方没有合理的法律诉求，但出于政治上的好处仍鼓励该方坚持其主张。甚至还可能出现这样一种情况，一国考虑其国内法律建议，抛出一些不着边际的诉求进行直接干预，而这样做仅仅是为了试探相关各方反应。

事实上，还有一种档案使用方式较少引起争议，并且学术上显然更能产生成果。法律档案在很大程度上揭示了一个大国起草和缔结一项国际公约的立场，而非专门阐释该国与其他特定国家可能的争议，这种法律档案特别具有启发性和普遍意义。使用法国参与 1973 年至 1982 年第三次联合国海洋法会议的国际法档案正是这种情况。法国观点不仅可以从档案中获取，而且还可以从其法律顾问的学术出版物和公开条约实践中收集。

　　排除上述种种考量，显然，本书学术研究成果明确说明，中国在存在强烈争议的南中国海问题上所持的立场是合理的。这个结论是在并未考虑中国自己历史档案的情况下做出的。

南海诸岛历史所有权档案：
斯普拉特利群岛

引导性考量以及在英美国家档案中经济活动与确立领土主权的相关性

　　档案的概念，一如作者经常解释的，在于环绕习惯法学说上之习惯的法律信念和物质要素的构建和限制。档案并非国家宣示领土所有权之官方立场的常规方式。国家立场通常通过官方文件公开宣布。因此，当英国内阁大臣在议会中表示英国对于南海诸岛的所有权争端不持立场之后，此事就被收录在《英国国际法年刊》（2014）中的国家实践（e）部分。

　　档案存放着领土所有权的法律史，恰恰是由于它的保密性，它客观中性地记录了国家的真实想法。因此，当人们要求一国解释为什么其公开声明与内部制度记忆不一致时，答案是显而易见的——这是政策问题——为什么要卷入争端，除非涉及自身利益。因此，档案是进入国家制度记忆的大门，其团体材料性质可以轻易地通过当局主导官员的所作所为从历史上了解。这一点对于评价所有三国（英国、法国和美国）档案的意义和有用性是最基本的。

基于此，我们先来看1974年1月英国外交部的法律意见书，它不仅说斯普拉特利群岛是中国的，而且还依据中国式的历史性所有权（historical title）得出这样一个结论，即这一群岛自古以来一直是中国公民捕鱼和收集鸟粪之地。

这里产生一个呈现档案材料方法的基本问题，按照谁的国际法概念来确定哪些档案材料是相关的？是国际法庭中占主导的西方实证主义观点，还是以历史性权利及其使用为依据的中国观点？显然，正是对这些岛屿使用并从事经济活动使得英国人确信，这些岛屿属于中国。这些岛屿是经济生活的基础，这里的经济生活指公民生活，而非国家管辖的正式行为。很显然，要说服现代国际法庭把后者作为法律上有意义的证据，理论上是不可能的。英国法律顾问援引有关中国在南海诸岛的经济活动史调查结果：

"根据美国资料……这些岛屿……自古以来每年都有中国渔民到访，他们在周边水域捕鱼，不定期地在岛上居住。①我们殖民部（自 1891 年以来）的记录证实这一情况。这些岛屿每年都有捕捞海龟的中国舢板造访。没有证据表明我们在 19 世纪 70 年代就认为南沙群岛属于中国或者当时中国曾对我们的活动提出过抗议……情况似乎是中国利用所有适当场合进行了抗议……几乎可以肯定的是，自 20 世纪 30 年代以来中国从未让自己的权利主张因时效因素而遭到削弱。我认为，这些岛屿在 20 世纪 30 年代很可能已经处在中国主权下，或者它们早在 1877 年之前已经属于中国，或者是在英国权利主张自然消亡时中国的所有权重新复活。"②

事实上，当年中国把南越从帕拉塞尔群岛赶走，而后者试图将这一问题提交联合国安理会未果之际，英国没有公开表明在这个问题上的立场。英国对南越这次失败的内部看法是，如果中国人把越南人驱逐出斯普拉特利群岛的话，他们不会冒险到联合国安理会去面对第二次失败。③

以司法实践的压倒性倾向看，务实的英国外交部法律专家重视公民经济活动并将其视为国家取得领土主权的途径，是令人惊讶的。然而，这一观念在英国实践中由来已久，可追溯到 1879 年和 1880 年，当时英国皇家法律事务官员(the Law Officers of the Crown)曾就斯普拉特利群岛有关英国公民经济活动提出法律建议。该建议认为，英国可以允许其本国公民在岛上从事经济活动，没有必要对这些岛屿正式提出领土要求并予以兼并。

在 1879 年 3 月 21 日的第一份意见书中，法律官员向外交大臣索尔兹伯里勋爵(Lord Salisbury)报告说：

---

③ FCO 15/1864 See J. C. Thomas, UK UN Mission, to C. W. Squire SEA Department London, 28 January 1974.

"鉴于英国、法国和美利坚合众国政府对于占据和开发可能发现岛粪的地方存在巨大竞争，我们认为，女王陛下在授予许可或租让时应秉持高度谨慎。

我们认为，在任何情况下，应在授予租让或许可之前，通过明确和有利的证据以大不列颠的名义实施占领，并正式宣布有关岛屿是英国领土。"④

这一分析很重要，因为它确立了当时司法实践的主导立场，它还准确地阐明一项兼并所以如是称之的含义。这是西方大国之间的竞争，优先考虑的是每个西方大国应该提醒他国注意到自己的权利主张。然而，在不到一年时间里同一群人又提出了1880年1月20日意见书。问题是同一群人又提出另一种意见。针对在大不列颠没有领土要求且有关岛屿并不被视为并入英国的岛屿是否应该颁发鸟粪开采许可证，法律官员如此回答：

④ CO 273/565/12, The Law Officers of the Crown to the Marquis of Salisbury, 21 March 1879, in File UK Spratlys 1870s.

"我们的意见是，当许可证……业经由女王陛下颁发且持证人已占领该岛……并通过升起英国国旗的方式宣示占领，那么该岛就成为女王陛下领地之一部分，且只要女王陛下认为在这种情况下是适宜的，就将继续作为女王陛下领地……

我们处理"女王陛下未主张权利"这一说法有些困难，因为英国政府授予的租让权就是女王陛下的一项主张；但如假定女王陛下曾经有过、但现在并未对这些岛屿主张权利，我们认为女王陛下的舰艇指挥官就有理由强行阻止外国人对英国臣民活动的干涉，但不能阻止外国人将鸟粪从并非由英国臣民实际占领的岛屿上运走。"⑤

稍后在与法国人的交涉中，可以看出他们不同意1880年第二份法律意见书的内容。然而，即使这种观点也应放在卡尔·施密特（Carl Schmitt）关于比殖民主义对国际法影响之批判更激进的反帝国主义语境中看待。他指出，以兼并方式来宣布所有权是

---

⑤ 同上，5741-5742.

西方列强互相之间做的事——正如第一份法律意见书明确指出的那样——没有考虑到所谓土著居民，而他们实际上是世代在那里生活。⑥这一论断的隐含意思是，所谓"土著居民"并不认为他们世代占据自己的土地需要被兼并。因此，所谓法律要求只不过是西方列强处理彼此关系所需要的东西。这一做法的真实性质将在本报告中稍后揭示，我们可以看到，法国对斯普拉特利群岛的兼并甚至没有向中国人通报。中国外交部部长是从报纸上知道法国有关行动后才来询问法国的。卡尔·施密特在《大地法》(*Nomos der Erde*)中继续推论说，兼并远离大都市领土的整个程序与一国主要人口没有天然联系，这种行径破坏了西方国际法的全部理念并导致第二次世界大战之时礼崩乐坏。⑦

⑥ Carl Schmitt, *Land and Sea*, transl, Simona Draghici (Washington DC, 1997), pp. 40-41.

⑦ 见下文结论部分。

19 世纪初以来有关斯普拉特利群岛的海道测量报告及群岛上的经济活动⑧

　　1817 年以降的海道测量报告证明，只有中国公民尤其是海南岛居民频繁出入斯普拉特利群岛。美国和英国已注意到中国人在群岛上的经济活动，早期记录展示这些活动的三个重要细节：第一，参与者全是中国人；第二，这些活动不仅是捕鱼，还包括在舢板上交易大米、生活必需品和汇票等，到岛上采集海龟蛋和其他海产品；第三，这些活动是长时期以来每隔一段时间一再发生的。然而，后来记录虽说没有完全省略这些关键细节，却也明显地予以淡化。

　　最早记录群岛上人类居住和开发活动的是英国东印度公司（British East India Company）的海道测量学家詹姆斯·霍斯堡（James Horsburgh，1762—

---

⑧　本小节由研究助手梅丽莎·洛哈（Melissa Loja）执笔。

1836）。不同于其他海道测量学家在报告中只限于对岛屿地形和地理位置进行技术性描述，⑨霍斯堡在他的报告中加入了对于人类居住以及开发利用这些岛屿的观察。⑩例如，他描述平顺地岛⑪"主要由渔民居住，这些渔民每年向交趾支那国王进贡咸鱼和燕窝"⑫。他形容苏禄群岛由一名王公（Rajah）统治，他从"大岛［巴西兰岛（Basilan）］每年收取贡品……包括胡椒等"⑬。值得注意的是，霍斯堡的观察是基于"东印度大楼（East India House）⑭原始航海日志以

---

⑨ See Alexander Dalrymple, *Memoir of a Chart of the China Sea* (1771); C. Philippede Kerhallet, *General Examination of the Indian Ocean* (1870).

⑩ James Horsburgh, Memoirs; *Comprising the Navigation to and from China, by the China Sea, and through the Various Straits and Channels in the Indian Archipelago; also, the Navigation of Bombay Harbour* (1805).

⑪ Pulo Ceicer de Terre，又作 Poolo Cecir da Terra，为"牛角"即旧帕拉塞尔的岛屿之一，为越南东南部的沿海岛屿，与中国西沙群岛无涉。——译者注

⑫ 同⑩, p. 41.

⑬ James Horsburgh, *India Directory, or, Directions for Sailing to and from the East Indies, China, New Holland, Cape of Good Hope, Brazil, and the Interjacent Ports* (1817—1826), I-II, p. 341.

⑭ 东印度公司总部所在地。——译者注

及来自 21 年在这些海域中航行的观察和记录"⑮。
这些原始航海日志可能记载着更多岛屿上人类活动
的细节。

霍斯堡在 1805 年⑯、1817 年⑰、1836 年⑱、
1843 年⑲、1852 年⑳的海道测量报告中写入了关于
帕拉塞尔群岛和斯普拉特利群岛的人类居住和利用

---

⑮　同上，at preface According to Dr. Margaret Makepeace, Lead
Curator, East India Company Records, British Library, there are 9,300
volumes of these ship's journals.

⑯　Horsburgh (1805), at Appendix.

⑰　Horsburgh (1817).

⑱　James Horsburgh, *India Directory*, *or*, *Directions for Sailing
to and from the East Indies*, *China*, *Australia*, *Cape of Good Hope*,
Brazil, *and the Interjacent Ports* (1936), II.

⑲　James Horsburgh, *The India Directory*, *or*, *Directions for
Sailing to and from the East Indies*, *China*, *Australia*, *and the
Interjacent ports of Africa and South America*: *comp. chiefly from
original journals of the honourable company's ships*, *and from
observations and remarks*, *resulting from the experience of twenty one
years in the navigation of those seas* (1841—1843), II.

⑳　James Horsburgh, *The India Directory*, *or*, *Directions for
Sailing to and from the East Indies*, *China*, *Australia*, *and the
Interjacent ports of Africa and South America*: *comp. chiefly from original
journals of the honourable company's ships*, *and from observations and
remarks*, *resulting from the experience of twenty one years in the
navigation of those seas* (1852), II.

情况的观察。自 1817 年起，霍斯堡在出版物中写道："海南渔民在 3 月和 4 月造访（斯普拉特利）群岛及其浅滩从事捕鱼……就像在帕拉塞尔群岛一样。"[21]在随后 1836 年、1843 年和 1852 年的报告中，霍斯堡详细介绍了海南渔民在群岛上活动的性质和规模：

> "在与海南岛人进行的几次交流中，我们发现他们文明有礼。在清朝官吏不在时，他们很乐意同我们分享新鲜事，但每当官吏一出现，他们马上变得像我们在中国沿海遇到的那些人一样不讲情理……岛上有许多木制渔船，这是用一种又硬又重的木头而非中国船只常用的冷杉木制造的，这些船行进非常快。大部分船只每年两个月出海捕鱼，航行到离家 700 至 800 海里的地方，采集海参（bicho de mer），收取干海龟和鱼翅，这些海产在中国海东南部的沙洲和浅滩之间多不胜数。航行从 3 月开始，他们

---

[21]　Horsburgh（1817），p. 317；Horsburgh（1836），p. 428；Horsburgh（1843），p. 483；Horsburgh（1852），p. 498.

先到达南海北部沙洲，留下一两个船员和几罐淡水继续前行，然后到达婆罗洲（Borneo）附近的一些大型浅滩继续捕鱼。6月上旬，他们开始返回，途中接上之前留下的船员及其渔获。我们在中国海的浅滩附近遇到了许多这样的渔船。"[22]

1865年，英国皇家海军"莱福曼"（Rifleman）号测量船发出一条航海通告，确认了霍斯堡的上述观察。通告写道："北险礁[23]经常有来自海南的中国渔民光顾，打捞海参、龟壳，等等，他们还从东北部的珊瑚礁中心的井中取水。"[24]这一观察在英国海道测量局1898年版的《中国海指南》（*The China Sea Directory*）[25]和美国海道测量局的《亚洲航海》（*Asiatic*

---

[22] Horsburgh （1836）, pp. 330-331; Horsburgh （1843）, pp. 356-357; Horsburgh （1852）, pp. 346-347.

[23] 原文 North Danger Reef，又称双子岛，系指中国南沙群岛的双子群礁，下同。——译者注

[24] "Hydrography of the China Sea", received from Mr. Tizard, Master R. N. , H. M. Surveying Vessel Rifleman, *The Nautical Magazine*, XXXV （1866）, p. 552.

[25] Great Britain. Hydrographic Department, *The China Sea Directory* （1878）, II, p. 69.

Pilot）1909 年版㉖、1915 年版㉗和 1925 年版㉘中被逐字转载。

霍斯堡的观察记录得到英国皇家地理学会（the Royal Geographical Society）研究员亚历山大·乔治·芬德勒（Alexander George Findlay，1812—1875）确认，他在 1878 年的报告中说，海南渔民不仅从事捕鱼活动，而且用舢板在群岛沿岸进行贸易：

"群岛中大部分岛屿都发现靠收集海参和龟壳生活的海南渔民，其中有些人在珊瑚礁上生活多年。来自海南的舢板每年携带稻米和其他生活必需品来到中国海的岛屿和礁石上，同渔民们交换海参和其他海产品，并帮渔民们把收入带给家人。这些舢板每年 12 月或 1 月离开海南，在第一个西南季风到来时返航。伊都阿巴岛㉙上的渔民居住比其他渔民更

㉖　United States. Hydrographic Office, *Asiatic Pilot*（1909），IV, p. 121.
㉗　United States. Hydrographic Office, *Asiatic Pilot*（1915），IV, p. 112.
㉘　United States. Hydrographic Office, *Asiatic Pilot*（1925），IV, p. 121.
㉙　原文 Itu Abaer Island，系指中国南沙群岛的太平岛。——译者注

舒适，井水也比其他地方更优质。"㉚

　　芬德勒报告中的上述观察是基于 1867 年英国皇家海军"莱福曼"号测量船发布的航海通告。㉛同样，这一观察在美国海道测量局的《亚洲航海》1909 年版㉜、1925 年版㉝和 1915 年版㉞以及英国海军部海道测量局 1878 年㉟和 1906 年出版的《中国海指南》㊱中均见诸文字记录。

　　关于斯普拉特利群岛，1905 年，美国海军"南

　　㉚　Alexander George Findlay, *A Directory for the Navigation of the Indian Archipelago*, *China and Japan* (1878), p. 627-628. See also Great Britain Hydrographic Department, *The China Sea Directory* (1894), II, p. 104.

　　㉛　"Navigation of the China Sea-Dangers between the Fiery Crossand North Danger Beefs, in the main route of the China Sea, and shoals in the Palawan route, with remarks on the Paracel, by Navigating Lieut. John W. Beed, E. N., H. M. Surveying Vessel Rifleman, 1867", in *Nautical Magazine and Naval Chronicle*, XXXVI (1867), p. 702.

　　㉜　*Asiatic Pilot* (1909), pp. 109-110.

　　㉝　*Asiatic Pilot* (1915), pp. 109-110.

　　㉞　*Asiatic Pilot* (1925), p. 118.

　　㉟　*The China Sea Directory* (1878), p. 66.

　　㊱　United Kingdom Hydrographic Department, Admiralty, *The China Sea Directory* (1906), I, 114.

山"号运煤船船长普莱多 (W. D. Prideaux) 先生于 1905 年发出第 1105 号㊲航海通告,《伦敦公报》对此全文引用如下:

"2. 南山湾㊳。一个生长小树丛的岛屿 (现命名为 '南山')……据观察,距离佛拉特岛 (Flat Island) ㊴约 9.7 公里……

3. 西约克岛 (West York island) ㊵。此岛……表面覆盖草丛和树木植被,还有一些椰子树……发现先前中国人居住的痕迹,显然每年有来自海南的渔民造访,采集海参等等。"㊶

㊲ Notice No. 1105- China Sea-Flat, Nanshan, and West York Islands-Position sand Particulars of, The London Gazette, 27 October 1905, pp. 7185-7186.

㊳ 原文 Nanshan Island,旧称南山湾,系指中国南沙群岛的马欢岛,下同。——译者注

㊴ 原文 Flat Island,又称扁岛,系指中国南沙群岛的费信岛,下同。——译者注

㊵ 原文 West York Island,又称西乐岛,系指中国南沙群岛的西月岛,下同。——译者注

㊶ 同㊱, at 7186.

美国海军第 41 号《航海通告》发布了相同的内容，但删除了普莱多船长关于中国人经济活动的观察：

"南山湾上长满小树。西约克岛四周被礁石所环绕，礁石在岛的东边向外延伸 0.4 公里，在北边向外延伸 3.2 公里。在这块礁石上，'西约克'（West York）号船沉没。'南山'号船发现一个深 25 米的锚地，底部是珊瑚礁，岛屿最北端位于南 25 度，真方位角向西方向（南南西，偏西），距离 4 公里。岛上生长着椰子树，有草丛和林木植被。成百上千只鸟在此繁衍，该岛约 1.6 公里长，1 公里宽，呈三角形状，最高点指向北偏东北方向，从顶点到底部为最长直线。岛上无淡水。"㊷

第 41 号《航海通告》进一步报告说，普莱多发现了这"两个……岛屿……并将其命名为南山岛和

㊷ United States Hydrographic Office, *Notice to Mariners No. 41* (14 October 1905), p. 580.

西约克岛"[43]。此外，1937 年和 1957 年美国海道测量局出版的《航海指南》(*Sailing Directions*)确认他们观测到"海南的渔民造访这一岛屿"[44]，"从一口井中取水"[45]。而霍斯堡和芬德勒观察到的具体细节被省略了。

在 1951 年版的《中国航海志》(*China Sea Pilot*)中，英国海道测量局报告称，伊都阿巴岛(Itu Aba)上"有一些渔民，来自巴拉望和海南，但是没有常住居民"[46]，然而"在 1933 年，帝都岛[47]上有 5 名中国人居住"[48]。尽管如此，在 1964 年版的《中国海航海志》里，英国海道测量局的观察仅限于"来自海南岛的渔民通常每年 12 月和 1 月造访岛屿，至西南季

[43] 同上。
[44] *Sailing Directions* (1937), p. 112; Sailing Directions (1957), p. 83.
[45] *Sailing Directions* (1937), p. 115; Sailing Directions (1957), p. 85.
[46] *China Sea Pilot* (1951), p. 124.
[47] 原文 Thitu Island，系指中国南沙群岛的中业岛，下同。——译者注
[48] 同[45]，p. 126.

风初起时离开"⑲以及"帝都岛不时有渔民居住"。⑳霍斯堡和芬德勒观察到的细节被省略了。

综上所述，根据早期海道测量报告，只有中国公民在群岛上进行经济活动，并不限于捕鱼，还包括在舢板上进行大米和其他必需品交易，托交收入和岛上获取的海参、干海龟和鱼翅。这些活动长期以来定期进行。然而，20世纪50年代至70年代的后续报告将这些经济活动的性质限于捕鱼，或仅限于造访及补给饮用水。此外，这些活动的主体也不再仅仅是中国人，而且活动也被描述为断断续续地进行。但重点依然是在法国20世纪30年代初介入之际，在群岛上已有大量的经济活动，而且全部均由中国人开展。

---

⑲　*China Sea Pilot*（1964），p. 110.
⑳　同上，p. 112.

斯普拉特利群岛在法国档案中作为一个统一的整体：20 世纪 30 年代

以下关于 20 世纪 30 年代法国和斯普拉特利群岛的章节旨在展示，日本人、中国人和法国人出于经济、安全以及人文和社会的原因，均把斯普拉特利看作是一个统一的群岛。这一点，与菲律宾 20 世纪 70 年代企图瓜分斯普拉特利群岛以及后来特别仲裁法庭应菲律宾的要求企图肢解南沙群岛的做法，均不相同。

1. 法国外交部档案：1933 年中日关系：南沙群岛第 79 卷 1933—1934 年（1933 年 8 月至 1934 年 11 月）

引言

当一家“北圻(51)磷肥新公司”（Societé Nouvelle des Phosphates du Tonkin）表示愿意派人前往开发斯

---

(51) 原文 Tonkin，通常译为北圻，又音译为东京，系指越南北部地区，下同。——译者注

普拉特利群岛时，法国对群岛的兴趣陡增。这一公司向交趾支那总督提交一份请示，希望准许派人开发斯普拉特利群岛。这一请求包括一份关于斯普拉特利群岛地位的问卷（殖民地事务部部长致外交部部长先生的函——政治及商业事务局，巴黎，1928年11月2日）。

随后法国的外交往来函件揭示，法国外交部和殖民地事务部对于斯普拉特利群岛的地位并不知晓。一位法律顾问提醒法国政府说，给予"北圻磷肥新公司"许可将被看作是一项公权力行为，因此事关紧要，交趾支那总督在授权之前应排除其他国家对这一群岛具有主权权利或者类似主张。

法国最终选择以"无主地"（terra nullius）方式处理，在斯普拉特利群岛上看到了扩大自身地区影响力的机会。实际上，法国是出于地缘政治考虑于1933年7月兼并了斯普拉特利群岛。法国担心的是一旦其他国家决定占领斯普拉特利群岛，就会危及法国与其东亚殖民地之间的交通往来。

据称，群岛中几座岛屿为飞机和潜艇提供很好的停泊地。战时，若有国家以此为据对南中国海进行严密监视，将把法国与殖民地之间的交通往来置于危险境地。为此，法国政府决定占领群岛并于1930年派遣炮艇兼并肯贝特岛，又称斯普拉特利岛[52]，再于同年4月派遣两艘军舰占领其他岛屿，并在岛屿上升起法国国旗。(《南华早报》，1933年7月28日)

1933年12月21日，交趾支那总督把斯普拉特利群岛划归巴地省(the Province of Baria)(交趾支那总督令，1933年12月21日)。这一兼并行动也被登载在1933年7月26日法国政府公报上。

法国领事馆关于中国反应的报告

在同日本人讨论有关问题的背景下，上述法国档案包含有法国驻海口领事给法国驻中国全权大使、法国外交部部长和法国在河内的印度支那总督

---

[52] 原文 Kenbete I 或 Spratly I.，两者皆指中国南沙群岛的南威岛，下同。——译者注

的备忘录。1933 年 8 月 6 日的备忘录附上了大量地区报纸的剪报以及中国政府包括当地和地区政府的公告。这些资料均涉及斯普拉特利群岛和法国的入侵。1933 年 5 月 26 日《印度支那觉醒报》(*L'Eveil de l'Indochine*)的摘录提到中国渔民经常造访群岛，在铁沙滩㊾的大多数岛屿上都曾发现来自海南的渔民。中国渔民常常在这些岛屿及其附近一待数年，捕捞海龟和黑沙参。中国渔船每年 12 月送来补给然后满载海龟壳返航。

同一日期的备忘录还记载，法国人继续北至危险地带(the Dangerous Ground)㊿，发现一些小岛上有日本人在寻找磷矿。他们还发现一些珊瑚岛——主要由珊瑚礁和沙子组成的，海拔很低——同样经常有海南渔民造访。他们采集海参和海龟壳。这些渔民还在东北部一个珊瑚礁的中部挖井取淡水。整

㊾ 原文(le banc Tizard)，又译蒂泽尔群礁，系指中国南沙群岛的郑和群礁，下同。——译者注

㊿ 危险地带(the Dangerous Ground)，在旧版南海地图中指南沙群岛中岛屿分布比较密集的区域，北起礼乐滩、马欢岛，南到南海礁、安渡滩一带，对于船舶航行具有一定危险性。——译者注

个地区也时常有日本渔民光顾，他们开着摩托艇。

一份来自河内的报告作为备忘录附件还断言，不管中国政府怎么样或者怎么说，可以说，中国渔民和中国渔船很高兴能被置于法国保护之下。

但是，到了1933年8月9日，法国驻海口的领事致函巴黎称，中国西南地区高级官员高度关注法国占领中国海岸外的珊瑚岛礁，逐步采取措施维护中国对这一群岛的主权和管辖权。国民党西南政务委员会委员萧佛成先生表示，广东省政府奉命就此进行抗议，表明南沙群岛属于中国的立场。西南政务委员会将要向全世界宣示中国的正当权利。法国领事记录了一则1933年8月4日的声明，抗议事项涉及位于婆罗洲、印度支那和菲律宾之间区域内所有岛屿。这一抗议是否涉及帕拉塞尔群岛尚不能确定。法国认为，这与法国驻南京公使抱怨中国地图册将帕拉塞尔群岛看作是中国的最南部分是一致的。法国领事评论说，这次涉及南部九小岛。那里，中国渔民确实造访，但这些岛屿地处偏远，船只罕至。的确，海南渔民到那里去休息，但不能常年在那里生活。在南京的海南籍民众称这些岛屿与帕拉塞尔群岛构成一体，中国外交部副部长答复将对此进行调查。

法国方面通过法国驻上海领事函件确认，一位叫唐昭仪的人于 1933 年 8 月 8 日在海口继续提出抗议。尽管九小岛孤立海上未引起中央政府关注，但是对于南部中国人来说，这些岛屿却是许多渔民常去的重要渔场。对此，法国和日本都虎视眈眈。失去九小岛不仅对帕拉塞尔群岛有损害，而且可能导致日本占领与此很近的帕拉塞尔群岛。海口的何童鸥（The Tong-ou，音译）认为兹事体大，必须彻查。他呼吁中央政府干预，与法方有力交涉，收回九小岛，称他们法国人横加干涉，驱赶我们渔民，侵犯我们领土完整。中国人的申诉和法国人的答复均反复提到九小岛以及北圻和广东的渔民。中国抗议者说，这些岛屿地理上和历史上都构成中国领土不可分割的一部分。法国的插手破坏了我们中国领土完整性。广东地方政府呼吁民众对此进行抗议。法国的入侵是企图控制太平洋的所有航道，我们必须让中央政府予以干预。

法国对斯普拉特利群岛的兼并行为性质

在法国档案中还有一份 1933 年 8 月 9 日照会非常重要，此文件属于亚洲-大洋洲司，标题为"占领斯普拉特利群岛"。其中谈到涉及斯普拉特利一组岛屿，又称"斯普拉特利及其附属岛屿""夺取"之说不妥。这里指的是法国外交部部长的关切。为了占领有关群岛，整个过程从 1930 年到 1933 年，包括首先接管岛屿，然后发布政府公告。

对于法属印度支那官员未经巴黎授权即占领这些岛屿，然后径直向英国公布有关事情，并把既成事实强加给自己的政府，法国外交部部长表示不满，并认为这是误导法国政府（第 749 卷，有关文件均按照时间顺序编排）。

这个问题在 1929 年曾有更仔细的考虑。当时，法国外交部法律顾问弗罗马吉奥（Fromageot）首次被问及可否在斯普拉特利群岛授予一项商业开采许可，他给出一份法律意见——这些岛屿似为无主地，这意味着在法国实践中，迄今尚未收到过任何其他国家有兼并行为的通告。然而，他只是说，勉强可以授予勘探许可，条件是风险只能是公司的，并由公司全部承担，因为没有人能够说没有别的国家对这些岛屿拥有权利。他似乎没有亲自对有关问题进行过调查。(1928 年 11 月 26 日) 他给出并随后被采纳的建议是授予公司许可，条件是若有关领土属于另一国家，则风险由公司自己承担。这是专门针对斯普拉特利岛或暴风雨岛⑤的法律意见。弗罗马吉奥的用语与 1880 年英国法律事务部官员的意见并无大的不同，不过他进一步说明在颁发许可后（在过渡期内）法国国家需要做什么。

> 授予勘探许可是一项主权行为，如果该岛属于另一国或有他国主张权利，则不应进行。
>
> 如果岛屿现在没有主人，授予许可行为及其随后被许可人的实际活动开展，并且伴随法国国家不管以什么形式展示持续的占领（例如法国战舰造访、

---

⑤ 英文 Island of Spratley 和法文 Ile de la Tempête，均指中国南沙群岛的南威岛，下同。——译者注

建造灯塔、颁布警令等），则可确立法国对有关岛屿的主权。

此类行动应该由殖民事务部和海军部共同实施，且对该群岛中的其他岛屿应照此执行。

弗罗马吉奥于 1929 年 2 月 2 日再次被问及同一问题，他于 2 月 6 日手书一份评论作为回答予以回应，再次援引 1928 年 11 月 28 日他的意见，即根据他就本案已提交的文件观点，授予许可并无不妥，但条件是若他国事实上对有关岛屿主张权利，被许可人承担全部风险。

1933 年 8 月 9 日的法方记录显示，鉴于广东省发生大范围民众抗议法国干涉并兼并斯普拉特利群岛的事态，法国部长会议主席㊶要求对斯普拉特利群岛的情况进行一次调查。部长会议主席对殖民事务部部长表示不满的事项如下：外交部部长获悉，英国从一本法国杂志上了解到，这些岛屿已被兼

㊶ 即当时法国总理。——作者注

并，起因似为一名驻扎在西贡的海军舰长自作主张前往这些岛屿并插上国旗。此举极其不妥，并逾越了法国政府的授权。外交部仅仅批准一次以研究为目的的航行，而不是夺取这些岛屿，也没有同意印度支那总督授权法国"马利休士"（Malicieuse）号军舰正式夺取斯普拉特利岛及其附属岛屿。由于1930年的行动已引起英国政府注意，因此法国别无选择，只能继续夺取这一群岛。

换言之，法国政府是被其治下印度支那殖民当局和在地区的海军"绑架"，才夺取这一群岛的。正因如此，法国在如何实施有效占领群岛上没有后续指导。这里有关岛屿为伊都阿巴岛、斯普拉特利（暴风雨）岛、开唐巴亚岛、帝都岛、洛爱太岛和双岛。[57]

法国从未就其兼并行为正式告知中国政府。中国外交部部长于1933年8月4日致函法国驻南京大

㊹ 原文"Itu Aba, Spratly, Amboyna, Thi-Tu, Loaita, Deux Isles"系分别指中国南沙群岛的太平岛、南威岛、安波沙洲、中业岛、南钥岛以及双子群礁的北子岛和南子岛。——译者注

使表示，根据报纸报道，法国政府占领南中国海位于菲律宾和印度支那之间的九个岛屿并正式宣称九小岛是法国的，他要求法国提供有关岛屿的准确名称，并保留中国政府的立场。

根据另一来自1933年8月12日《南华早报》、由法国驻海口领事提供(系法国驻海口领事给法国外交部的一份报告)的消息，中央政府外交部派齐长顺(Chang-Shun Qi，音译)赴广东调查有关约100名在这些珊瑚岛屿上居住的中国渔民被驱逐一事，其中50人仍留在这些珊瑚岛屿上。法国方面注意到英国称对此不反对，但指出这些岛屿上有中国渔民。这些岛屿对法国人有战略利益，岛屿的潟湖可成为避风锚地。

此外，法国驻海口领事于1933年8月12日向法国驻北平公使馆、印度支那当局及法国外交部亚洲-大洋洲司指出，海口官方报纸载有琼山县政府一文，呼吁与法国进行谈判、收回或者要求法国退还九小岛。文章指出九小岛向为中国渔民捕鱼之处，地理和历史均证明九小岛属于中国。诚如西南政务委员会所言，法国人无视这一事实，违背国际正义，趁着日本侵略中国东北之时机，使用大炮等武力，破坏中国国土完整。

在同一批文件中，国民党地方党部在致中央政府的函件中一再对九小岛予以确认。有关消息被重复登载在海口《琼崖民国日报》上。有关文件由法国驻海口领事于1933年8月17日发送给法国驻北平使团和巴黎外交部，有关信息内容如下：中国渔船视同国家的战舰，指示所有渔民在渔船上悬挂国旗。就九小岛之事，广东省政府向下辖各县发布公告，所有中国船只禁止悬挂外国国旗，应配发中国国旗用于悬挂，以宣示中国主权。这些都写在法国驻海口领事1933年8月17日的报告中。

2. 1938 年法国外交部档案：中国（1930—1940）：中日冲突、斯普拉特利群岛第 752 卷，1938 年 4 月至 12 月

1938 年 4 月、5 月间，法国派出一个考察团前往斯普拉特利群岛，登上群岛的许多小岛。此行是考察此地建立航空基地的可行性，以应对日本的扩张，并就此给巴黎和河内写一份报告（1938 年 5 月 13 日）。整个行动是英国方面施压的结果。伊都阿巴岛上有日本人活动，据称是代表以台湾为基地的一个渔业公司，而实际上是为军事活动打掩护的，他们对于法国人的指令无动于衷。

考察团报告建议，在有关岛屿上安置一些土著居民，使他们接受法属印度支那官员的指挥，然而报告还指出，所谓土著居民必须完全从外部引入，把他们作为民兵安置在斯普拉特利群岛的某个岛屿上。这是报告的建议之一。

考察团团长布拉西（Brasey）自斯普拉特利群岛

发给印度支那总督一份报告，他说他的想法是建立一个空降基地。南沙群岛的珊瑚礁体系被描述为构成一个整体，中心点是斯普拉特利岛（又称暴风雨岛）和伊都阿巴岛，两个岛上有植被和淡水，并被一系列的礁石所环绕。

在讨论中的不同看法围绕如下：是否建立一个有效的航空基地就可以了，若如此，最可能是建在伊都阿巴岛；或者按照更主流的意见，为安全起见，需要采取的步骤，首先是占领群岛所有小岛以排除其他国家，其他国家不仅指日本，还包括邻近的其他国家例如荷兰和美国。

这意味着，如果要排除其他国家，就要对斯普拉特利群岛的所有大小岛屿和环礁，甚至最小的岛屿或环礁也有效地实施实实在在的占领。因此，建立航空基地只是全部决策机制的一个方面，需要更多的研究和准备。

要占领的岛屿是伊都阿巴岛和帝都岛，需要考虑的是法国如自己不开发，是否将其中之一让给英国。这两个岛和南威岛是仅存的可使用岛屿，然而由于它们彼此之间的距离太远，需要占领岛屿之间的一些小岛，点火、打灯光或永久灯泡可见，从斯普拉特利岛到伊都阿巴岛的距离是 322 公里，从伊都阿巴岛到帝都岛的距离是 72 公里。因此，斯普拉特利岛和帝都岛不适合作为航空基地。

考察团于 1938 年 4 月 9 日至 11 日登上了斯普拉特利岛、伊都阿巴岛和帝都岛进行实地观察。根据报告，考察团 4 月 9 日登岛观察到，1937 年 12 月以来一直占据斯普拉特利岛的中国渔民刚刚离开不久，或许是 3 月份，10 天前或考察团到达前。所有日常生活的迹象都在，包括炊具和纸张。中国人的突然离开可能是因为看到一块写有"此岛属于大日本帝国"的告示牌。在伊都阿巴岛和帝都岛上也有类似的日本告示牌。中国文献记录，日本船只于 1937 年 9 月至 12 月曾经来到岛上取水，此后旱季岛上就没水了。岛上留下的纸张和信件显示，这些渔民来自海南岛。

法国人还观察到，中国船只停泊在伊都阿巴岛以西 11 公里处的沙岛[58]，自 12 月至 4 月一直待在那里，留下浮标和标记物。

　　在太平岛上有 12 个日本人，他们并不从事商业活动，而是将该岛用作无线电台。但是，"迪蒙·迪维尔"（Domont d'Urville）号军舰舰长发现 1937 年 12 月在太平岛上建的法国哨所及其服务设施直到 1938 年 4 月仍在，显示这些是属于法国的。于是，他们告诉日本电台控制人员，这是在法国领土上。考察团告诉日本人，岛上没有任何渔业公司的商业或工业活动的迹象，日本人称他们的公司是在台湾注册的，叫 Kayo Katyo 公司。日本人坚称，他们就是捕鱼，公司从事此项经济活动已有 50 年，并称日本政府从未承认法国的主张。

---

　　[58]　英文 Sandy Cay，系指中国南沙群岛的敦谦沙洲，旧称（1935 年）沙岛。

3. 追溯至 1933 年，日本对法国的主权宣示提出质疑

中日关系：斯普拉特利群岛第 749 卷 1933—1934（1933 年 8 月至 1934 年 11 月）

1933 年 8 月 15 日至 25 日，日本临时代办泽田（Sawada）先生和法国外交部官员进行交涉。日本方面提交了外交照会，法国方面则根据一份法律意见书做出答复。日本抗议说，没有任何人拥有斯普拉特利群岛，但自 1921 年起直至 1929 年的大萧条期间，日本一家磷肥公司就使用伊都阿巴岛、北险滩和西南沙洲[59]，直到 1929 年大萧条，这些得到日本帝国政府各种形式的支持。这表明日本已有效占领这些小岛，并且不受因世界经济危机而导致的四年中断影响——日本只是暂时刹车，并非放弃。再说，近期法国宣告占领并没有伴随国际法意义上的有效占领。法国并没有考虑日方的活动和日本政府

---

[59] 英文 North Danger，South West Caye，系分别指中国南沙群岛的北子岛和南子岛，又称双子群礁。——译者注

的感受，法国应考虑日本提出的立场。

法国 1933 年 8 月 23 日的法律意见书出自于伯特（Hubert）先生之手，对附属于斯普拉特利群岛的部分岛屿问题做出了回答。法国人说，克利珀顿岛（Cliperton Island）仲裁案表明，如果岛上无人居住，占领就不需要做得更多。至于日本私人活动这一事实，并不因日本帝国政府向该公司派了一名海军军官而改变，在法国看来，这些活动的私人性质并不因日本海军舰船曾帮助提供补给而改变。相反，法国采取了正式占有行动。

在这一事件中，日本的关切涉及总计 11 个小岛。一份 1933 年 8 月 15 日来自东京的电报指明如下：双岛、北小岛、二子岛、南小岛、帝都岛、洛艾塔岛、南哀岛、斯普拉特利岛和伊都阿巴岛。[60]

日方称，这些岛屿均由露里会社（Rasato

---

[60] 原文 The Two Islands, Kipa, Fatako, Minami, Thi-Tu, Loaita, Namyit, Spratlys, Itu-Aba，系分别指中国南沙群岛的双子群礁、敦谦沙洲、北子岛和南子岛、中业岛、南钥岛、鸿庥岛、南威岛和太平岛。——译者注

Kasha）开发经营，就此日本政府收集了大量的摄影记录。同时，对于公司业已开展活动的其他岛屿，日本政府也保留自己的立场。这些岛屿是西约克岛、弗拉特岛、辛岛和安波纳沙洲。[61]在所有这些岛屿上，日本公司都做了勘探。

法国方面在结论中强调说，他们正式占有这些岛屿是出于在大洋中的印度支那航线国家航行利益的考虑，并表示无意干预日本私人商业活动。

---

[61] 原文 West York，Flat，Sin，Amboyna Cay，系分别指中国南沙群岛的西月岛、费信岛、景宏岛和安波沙洲。——译者注

20世纪30年代英国对法国斯普拉特利群岛主张的态度

根据英国1929年的记录，法国宣布为颁发鸟粪开采许可的目的，将斯普拉特利群岛部分岛屿置于巴地省行政管辖之下。[62]随后"马利休士"（Malicieuse）号军舰于1930年实地造访斯普拉特利岛，在岛上升起法国国旗，[63]并于1933年实施占领。[64]如上所述，这些都是法属印度支那政府和海军的擅自行动，直到1933年才引起在巴黎的法国政府注意。法国由于担心英国怎么看待同法国的关系，迫于压力正式宣告占领行动。

值得注意的是，法国一开始对斯普拉特利群岛提出权利主张，中国即向法国提出质疑，明确指

---

[62] Gouvernement Général de L'Indochine, Rapports au Conseil de Gouvernement Session Ordinaire De 1928, p. 455.

[63] Gouvernement Général de L'Indochine, Rapports au Conseil de Gouvernement Session Ordinaire De 1930, p. 397.

[64] Gouvernement Général de L'Indochine, Rapports au Conseil de Gouvernement Session Ordinaire De 1933, pp. 160-164.

出，这些岛屿是“中国领土……在西南政府的直接管辖之下”(65)。现有掌握的资料显示，英国并没有就法国对斯普拉特利群岛的权利主张询问中国的立场。

接下来，英国对法国主张做出法律上的回应，这与英国对自己诉求的自我反思有所不同。英国外交部高级法律顾问埃里克·贝克特（Eric Becket，1897—1966）认为，没有必要对法国的主张做出任何反应或回答，他说，法国的主张涉及6个岛屿，它们是可以被占领的。他说，法国人还打算对周边水域主张权利，但还没有正式这样做。贝克特说，这是一个更广阔的区域，法国人说想主张权利，但这个区域实际上99%是海域，不能被占领。贝克特还把可以被占领的岛屿与珊瑚礁区分开来。英国海军对部分珊瑚礁非常关注，不清楚它们是否能够被占领，也许英国应先下手为强，把称为危险地带的

---

(65) “Canton's Claim on Island: To Take Steps to Retain Chinese Sovereignty”, *The North-China Herald and Supreme Court & Consular Gazette* (1879-1941), 9 August 1933, p. 202. There is no available copy of official protest, if any, filed by China against the French claim.

珊瑚礁拿下。贝克特的建议是，无论对法国人说什么都不会获得好处，理由我们从 1932 年法律事务办公室官员的意见书中已经知道，我们对两个岛屿的权利主张很虚弱，因为我们发放的许可从来没有实施。如果我们同法国人交涉，我们不得不接受一些东西，所以对于法国人关于 6 个岛屿的权利主张还是什么都不说为妙。他认为，法国人现在拥有 6 个岛屿，英国可以对此什么都不说，这样可以永远不接受，己方过去曾提出权利主张的两个岛屿即斯普拉特利岛和安波纳沙洲，已早就不再主张了。(66)

日本人于 1937 年秋已登上斯普拉特利群岛，而到了 1938 年，英国人对于法国还没有效占领斯普拉特利群岛非常担忧，认为这为日本人填补真空开了通道。英国外交部第三法律顾问杰拉尔德·费茨莫里斯（Gerald Fitzmaurice，1901—1982）就为什么存在这种真空及如何克服它的论述特别有意思。他在

(66) RR 7/11 Research Department，South and South East Asia ref. to W 9945，opinion of Eric Becket September 18 1933.

征求贝克特意见后提出了自己的意见。鉴于皇家法律事务官员 1932 年的意见书认定，英国自己对斯普拉特利岛和另一岛屿的权利主张由于并未付诸实施而显得薄弱无力，考虑到日本的威胁当前，他说，我们应该支持法国。他的建议清楚明白：我们应大力施压，敦促法国人占领这一群岛中所有可利用的岛屿并在岛上安置土著居民。如果法国人没能力或不愿这样做，我们英国人应自告奋勇找一些土著居民。如事后法国方面不愿意，可以达成谅解，一旦法国找到自己的土著居民，我们可以撤回定居者。费茨莫里斯最后得出结论如下：

"如果怎么都没法赶走日本人……至少应采取一些措施来防止情况恶化……也许因此，我们应建议并强烈敦促法国人现在有效地占领该群岛中所有能使用的岛屿并安置一些土著居民。或者，需要同他们达成一项安排，我们可以为他们这么做，谅解是我们不质疑法国的主权，如他们愿意，当他们自己能安排定居者时，我们的定居者会撤回。"⑥⑦

费茨莫里斯的这些观点显示，法国从没有效占领过这些岛屿。尽管他接受法国的主权，但这从来不是英国的立场。下面我们会看到，这为旧事重提留下口子。鉴于法国宣称兼并又未能实施有效占领，对英国来说最好不要公开承认，因为按照英国法律官员1932年的看法，双方的权利主张是重叠的。可取的选项战术上是保持这一主张的活力，1939年用于阻止日本占领，还有在20世纪50年代后用于阻止越南。⑥⑧

在讨论日本1939年据称兼并斯普拉特利群岛后英国与日本之间的交涉前，这里值得看一看法国海军关于1937年秋至1938年春斯普拉特利群岛状况的报告。报告指出，显然中国人早已占领这些岛屿并建有住房，但日本人的到来使这一切戛然而止。

---

⑥⑦ 同上，5969, 25 March 1938.
⑥⑧ 详见后文。

法国海军的报告推测，中国人在看到日本告示牌宣称这些岛屿是日本帝国组成部分后逃离了。

1938 年 5 月法国海军巡视报告的全部细节包括对 4 月初一次海军巡视的回顾。他们发现了 1937 年 10 月至 12 月及之后日本人上岛的证据。他们发现中国人曾在斯普拉特利岛上居住的大量证据，以及他们由于害怕而突然离开的证据，原因是他们看到日本人竖立的木制告示牌称该岛属于日本帝国。这一告示牌被法国人移除。法国人还发现中国人关于1937 年 12 月发现日本人后悲惨日子的文字记录。法国人说，日本人在岛上的存在是纯军事性质的，但以民事活动为掩护。显然可以推断，日本人的侵入标志着 1937 年 9 月后中日全面战争的开始。该报告⑥之所以重要，是因为正如海道测量报告指出的，1937—1938 年之际，中日战争开始全面爆发，中国

---

⑥ File：French Inspection of Spratlys April 1938：Observations of Fact on the islands of Spratly，Itu Aba and Thi-Tu made on 9–11th April 1938 about recent departure of Chinese：China（1930–1940, Sinojapnese Conflict The Spratlys Vol. 752 April-December 1938）.

人在岛上的经济活动急剧下降。

作为对本节的小结，需要详尽地交代英国对于日本 1939 年兼并斯普拉特利群岛进行抵制的情况。这涉及一项复杂的研究，包括英国通过内部法律咨询给自己设定的战略，它怎么看待自己法律立场的强项和弱点，出于战略理由它怎样选择对其他国家揭露或不揭露什么。这些需要溯及英国和法国 1933 年之前的记录。

在英国外交部内，某个问题可能会引起首席法律顾问或助理法律顾问的关注。两者通常都是外交部全职、终身职位，即公务员。原则上，法律顾问的级别并不重要，因为实践中是给予特定法律顾问指定不同的地理区域的政治或法律问题。因此，东亚和东南亚地区的政治或法律问题通常是指定给某一特定法律顾问的，他是什么级别无关紧要。然而，在重要问题上，如需要英国公开表明法律立场的问题，惯例是由法律顾问把问题准备好交给皇家法律事务官员——总检察长和副检察长。两者是选举产生的具有法律专长的政治家，通常并非国际法专业。他们依靠政府各部门法律专家提供的广泛背景信息开展工作。因为这些原因，他们的意见往往简洁明了。内阁(首相和其他成员)在做决策时如果涉及法律方面的问题，倾向于听取皇家法律事务官员的意见。可以肯定的是，内阁乃至所有其他政治家和政治官员很少考虑法律建议，他们在做最终决策时把政治考量放在首位，超越一切的是什么能服务于英国的国家利益。

在讨论一项法律意见的具体内容之前，解释一下征求和提供的法律建议总体形式和作用可以使问题更简单化。第一个问题是，英国自己拥有很好的对斯普拉特利群岛的权利依据，怎么就不能以此来对抗法国对斯普拉特利群岛的权利主张？外交部法律顾问们认为，根据在领土取得法上占主导倾向的仲裁判例，他们面对的是一个可以申辩但不够强有力的案件。英国当局曾接到过英国臣民要求允许开发鸟粪项目的申请，皇家海军舰艇曾多次造访岛屿。尽管如此，这些岛屿尚未在行政意义上划归于任何现有英国殖民地。⑦给予皇家法律事务官员的法律建议背景材料在内容上相似，在形式上还是提出问题，即：

"（1）英国政府对这两个岛屿的法律主张提交常设国际法院（PCIJ）有无胜诉把握或合理的前景？

（2）将两个岛屿划归某个殖民地或保护地是否更理想？"

皇家法律官员的答复是英国的主张疑点很多，在常设国际法院胜诉的前景非常黯淡。⑦

皇家法律事务官员得出的结论是：

---

⑦　CO 273/580/6 W 12921/2378/17（1931）关于规范领土取得考虑，参阅"关于斯普拉特利岛和安波纳沙洲的主权问题"，外交部法律顾问备忘录。有趣的是，人们从未关注过整个斯普拉特利群岛，而只是关注前述两个岛屿。而且归类上是归入殖民地事务部的文件，因为当时一个主要问题是这些岛屿是否曾经或应该并入与之接壤的英国殖民地，例如马来亚。法律顾问还就英国政府在太平洋区域类似岛屿主权主张提供了许多法律意见。

⑦　CO 273/580/6 W 8753/178/17/1932, July 29, 1932. T. W. H. Inskip and F. B. Merriman.

"现在一般意义上确立的是，一项对于主权的初步权利可以通过发现或具有与发现类似效果的情景而获得，但由此取得的初步主权必须在合理时间内通过公开、持续地行使主权而予以完善，最通常的方式就是事实上占领。

然而，在本案中，从 1877—1879 年发生的事件中，我们无法推断主权取得哪怕初步权利，更不用说通过实际占领或其他某种国家权力的公开展示而获得完整主权了。1889 年英国'漫游者'（H. M. S. Wanderer）号舰船的访问，当年授予中婆罗洲公司的开采许可，1891 年殖民部发表的声明，并鉴于这些岛屿无人居住的事实，似乎可作为国家权力持续展示的充分证据，可以排除因放弃而丧失主权。但我们还是认为，必要的基础还是欠缺。

我们并未过高地评估克利珀顿岛案判决及其作为基础的理据。在此案中，法国有毫不含糊的兼并行动。这一事实一经确立，就不难在一个无人居住岛屿案件中认定通过兼并获得的权利是完善的，并且从未丧失。"⑫

---

⑫ 同上，pp. 8-9.

皇家法律官员曾经建议，英国可以将岛屿行政上划归某殖民地，以此作为持续行使国家权力的一种方式，缺少这一联系在法国看来不具有结论性，岛屿的状况且岛上没有居民，不能为缺乏行政管理机制正名。因此，法律意见书并没有尝试对法国权利主张的实体问题进行评估。

英国当局其时并未选择承认法国兼并的企图。取而代之的是，考虑到法国可能要求将双方权利主张的实体问题提交仲裁裁决，英国选择停止反复质疑法国的权利主张。第三个可以提交给皇家法律官员的问题是，继续质疑法国的权利主张可以走多远，多大程度上承认自己权利主张存在的缺陷。然而，这一问题没有被提交，所做的决定是这些事情留待他日再议。[73]换言之，对于法国声称全面兼并斯普拉特利群岛全部岛屿的有效性，英国并未给予承认。

---

[73] CO 273/573/23, W 129/2378/17, Foreign Office, 21 November 1931, to the Under Secretary of State at the Colonial Office. Paragraphs 25 et seq. of Draft of, Foreign Office to the Law Officers of the Crown.

英国对法国法律主张的保留之意义随着1939年日本声称兼并斯普拉特利群岛显现出来。这不过是英国政府内部一项国际法案例的建议，并没有反映在英国法律意图或政策的对外声明中。在日本1939年宣称兼并的整个过程中，英国对斯普拉特利群岛的所有权问题持保留态度。这一点需要强调，因为后来1972—1975年间的记录显示，有人认为当时英国承认了法国的权利主张（并因此可能由南越所继承）。

日本驻伦敦大使馆冈本参赞于1939年3月31日提交一份备忘录，为日本将斯普拉特利群岛纳入台湾行政管辖做辩护。其中，对抗法国1933年兼并的基础是日本人20世纪20年代在日本政府协助下一直在岛上开展活跃的经济活动。法国利用1929年经济大萧条时期日本人的暂时离开，企图以无主地为依据，这是无视日本参与的历史和日本留下的设施完好无损的事实。既然法国拒绝撤回兼并声明，日本就必须采取行动。日本在照会中批评道：

"法国政府只是宣布占领这些岛屿的意图，但没有采取必要的实际措施来确立占领的真实领有权。面对这种情况，日本政府尽自己的力量，一贯反对法国的占领主张。日本同时已采取必要的措施保护日本定居者的安全，并确保日本在群岛上的权利和利益。"[74]

英国内部随即对日本这一行动进行评判，认为如果法国早些时候向日本人表明他们的占领是说到做到的，这种事情就不会发生。现在应由法国决定他们还能做些什么。[75]英国对冈本参赞的正式答复如下：

"……大英政府知悉法国对这些岛屿有权利主张，并在五六年前通过颁布法令予以兼并。需要指出的是，抢占争议标的物是一种奇怪的同另一方解

---

[74] FO 371/23543, F 3229/381/61, 1 April 1939.

[75] 同上。

决争议的方式。大英政府不会建议自己采用这种方式……"⑦⑥

针对法国政府希望给予支持的请求，英国的答复如下："……大英政府无法接受日本对这些岛屿的权利主张有任何法律依据，并对日本在这一问题上采用的程序和方法深感遗憾……"⑦⑦

为伦敦议会质询准备背景材料时，英国外交部再次探讨了英国和法国对斯普拉特利群岛的权利主张对抗问题。尽管助理法律顾问杰拉尔德·费茨莫里斯于1938年写下的一份记录称，英国针对法国，已放弃自己的权利主张，但是有人强调，情况并非如此。英国从未同法国就此做过沟通。⑦⑧在议会上，外交部次长理查德·奥斯汀·巴特勒(Richard Austen Butler，1902—1982)只是说，抗议问题"是法国政府

---

⑦⑥　FO 371/23534，F 3229/381/61，14 April 1939，no. 259.

⑦⑦　同上，no. 887.

⑦⑧　同上，6 April，p. 154：reference for Fitzmaurice's minute F 2965/956/61，1938（flag A）.

的一个主要关切"。⑦

最后，英国皇家海军中国舰队总司令要求知道法国对于斯普拉特利岛及其邻近岛屿的权利主张是否得到英国政府的承认。此事被提交海军部，经与外交部协商后，正式答复如下：

> "英国对这两个岛屿的权利主张没有重申，也没有正式放弃，并据此告知日本驻伦敦使馆的参赞。如果对英国的权利主张进行法律检验，它的强有力性当然存在疑问，但对此无须承认。关于这些太平洋小岛，难点是作为最后的手段，有效占领和行政管理通常要优越于基于发现或断续测量活动而获得的初步权利。"⑧

在随附的一封信中，海军大臣们解释说，在法国正式提出所有岛屿的权利主张后（英国仅对两个

---

⑦　同上。
⑧　FO 371/23543, F 3948/381/61, 25 April 1939.

岛屿——斯普拉特利岛和安波纳沙洲有权利主张），"……1933年，决定不推动英国提出权利主张，鉴于没有潜在的敌人对这些岛屿感兴趣，引起人们对主权争议的关注并不妥当……"[81]法国进一步的权利主张涉及一些岛屿，"……其外部特点使之很难适用国际法关于领土取得的规定……"关于租让伊都阿巴岛或帝都岛的谈判失败"暗含着已在很大程度上承认法国建立在正式兼并或其他理由基础上的诉求……"[82]海军大臣们接着说，英国和法国在斯普拉特利岛及安波纳沙洲上存在争议，而法国对其他岛屿的权利主张苍白无力，这时如鼓励日本侵入是危险的。鉴于有效使用和行政管理非常重要，可以说"日本在寻求永久或接近永久使用这些岛屿上占据较英国和法国更好的位置"[83]。

围绕所有权问题的战略思维非常独特，英国政

---

[81]　同上，M. 03089/39 Lords of the Admiralty in Commander in Chief, para. 4.

[82]　同上，paragraph 6 of the letter.

[83]　同上，paragraph 7.

府一直在审视正式占领或行政管辖对于太平洋上众多岛屿的重要性，而现在却面临着日本获取这些岛屿的危险。因此他们鼓励法国采取有效措施，防止日本对斯普拉特利岛邻近岛屿的渗透并加强他们的权利主张。

然而，这些建议迄今尚未取得任何实质成果，出于这个原因英国认为还是继续正式维持对斯普拉特利岛和安波纳沙洲的权利主张为妥，将来一旦决定将日本的权利主张诉诸法律检验时，可以保留英国政府的发言权。[84]

同时，海军大臣们总结说，这些岛屿落入日本人手中的战略劣势"足够严重，值得采取强有力的外交行动，但不足以成为对日采取敌对行动的理由"[85]。

---

[84] 同上，paragraph 8.
[85] 同上，paragraph 9.

美国各部门在两次世界大战期间及二战后初期对南中国海战后安排的思考[86]

我们这里只探讨 1943—1946 年技术委员会（technical committees）的讨论意见。随后我们将研究美国 1949 年后的观点，包括 1950—1951 年旧金山和会以及 1956 年和 1974 年的南中国海事件。

如前所示，与英国一样，美国公布的记录显示，它注意到中国人在群岛上的经济活动历史。这里重点是美国在处理群岛地位问题时是如何考量这些活动的。

[86] 本部分美国档案资料，特别是 20 世纪 30 年代、战后数年及 1945 年至旧金山和会前的资料，由梅丽莎・洛哈（Melissa Loja）帮助收集提供。

本部分讨论涵盖 1939 年开始的档案。⑧美国于1933 年获悉法国对斯普拉特利群岛部分岛礁提出权

---

⑧　一些未发表的文章援引美国给予菲律宾的意见记录称，各项条约界定的菲律宾领土范围均不包括斯普拉特利群岛，这些条约指：1898 年美西《和平条约》（Treaty of Peace signed between the United States and Spain），TS 343；1900 年《公约》（Convention signed at Washington，7 November 1900）TS 345；1930 年《美英关于划定菲律宾群岛与北婆罗洲边界公约》（Convention Between the United States of America and Great Britain Delimiting the Boundary Between the Philippine Archipelago and the State of North Borneo），2 January 1930，Treaty Series 2.

See, for example, Jay L. Batongbacal, "The Kalayaan Islands and the American Asia-Pacific Order under Challenge: Retrospective and Prospects", 2015 (unpublished) which cites the following: Letter to Governor-General Frank A. Murphy, 12 August 1933. In the United States National Archives and Records Administration [NARA]. Record Group 350, Bureau of Insular Affairs, 1868-1945, General Classified Files, 1914 - 1945, File 003. 71; and WilburJ. Carr's letter to the Secretary of War, 9 October 1933. In NARA, Record Group55, Microfilm Publication M1442, Records of the Department of State relating to the Internal Affairs of France, 1930-1939, File 851. 014/62.

这些记录显示，1933 年菲律宾参议员弗洛伦蒂诺（Isabelo de los Reyes y Florentino）（1864—1938）曾敦促美国提出斯普拉特利群岛是菲律宾群岛一部分的权利主张。助理国务卿威尔伯·J. 卡尔（1870—1942）对该参议员表示，根据美国对确定菲律宾群岛界限各项条约的解释，斯普拉特利群岛在菲律宾的界限范围之外。中华人民共和国外交部文件《中国坚持通过谈判解决中国和菲律宾在南海的有关争议》（2016 年 7 月）援引美国国务卿赫尔（Cordell Hull，1871—1955）和国务院历史顾问博格斯（S. W. Boggs）1935 年的表态，重申斯普拉特利群岛在菲律宾的界限范围之外，但未注明出处。由于上述引文并非香港大学收藏，因此无法确定美国是否提及中国对斯普拉特利群岛先前的权利主张。

利主张,[88]但没有记录显示，美国对于法国的权利主张以及中国质疑法国主张的报告有回应。[89]

然而，法国档案确实记录了法国大使和美国副国务卿威廉·菲利普斯(William Philipps，1878—1968)于1933年8月6日在华盛顿的一次会晤。后者就美国媒体有关日本和中国政府提出抗议报道事相询。法国大使答称，他对这些抗议一无所知。菲利普斯同意，这些岛屿除了用于航行标志物外没有什么重要意义。法国大使强调，这些岛屿实际上不适合居住并对航行构成危险。他解释说，法国占领行动是依据国际法进行的。[90]当日本于1939年正式提出权利主张时,[91]美国驻日本大使报告说，先前只有"英国和法国对这些岛屿提出权利主张……但当

⑧ The Secretary of State to the Japanese Ambassador (Horinouchi), 17 May 1939, United States Department of State (USDOS), *Foreign Relations of the United States* (*FRUS*) (1939−1941), II, p. 280.

⑧ *The North-China Herald and Supreme Court & Consular Gazette*, note 48 above.

⑨ China Japan Relations: Spratlys Vol. 749 (August 1933−Nov. 1934).

⑨ The Japanese Embassy to the Department of State, received 31 March 1939, USDOS, *FRUS* (1931−1941), II, pp. 278-280.

日本也提出权利主张时，英国撤回了自己的，转而支持法国的”，以期法国挫败日本的权利主张。⑨在美国国务卿发表的声明中，只有法国的权利主张受到日本的权利主张影响：

"1933 年，美国政府被法国政府告知，法国对日本备忘录所述地区西部某些岛屿主张主权……将任何涉及法国和日本权利冲突的实体问题排除在外……美国主张通过谈判、协议或仲裁等程序调整国际关系问题。"⑨

中国的权利主张被忽视了。

这里有一点很重要，一方面美国认为日本兼并斯普拉特利群岛影响法国的权利主张，并没有影响到其他国家，另一方面美国却在承认法国对斯普拉

---

⑨　The Ambassador in Japan（Grew）to the Secretary of State, 31 March 1939, USDOS, *FRUS*（1939）, III, pp. 111-112.

⑨　The Secretary of State to the Japanese Ambassador（Horinouchi）, 17 May 1939, USDOS, *FRUS*,（1931-1941）, II, pp. 280-281.

特利群岛的主权问题上止步不前。法国曾询问美国，它是否可以把"日本夺取斯普拉特利群岛"视为"武力取得"欧洲领土，就像对香港或印度支那一样。㉔美国答复说，"两者可能有区别，英国对香港和法国对法属印度支那的所有权都是确定无疑的，而在南沙群岛的所有权上却有两个权利主张——法国的和日本的"。㉕

尽管如此，当美国开始规划战后这些岛屿的处置问题时，开始考虑中国立场。1940 年，美国对外关系委员会出版了一套《美国在战争与和平中的利益研究》(*Studies of American Interests in the War and the Peace*) 系列丛书，其中一卷专门讨论领土问题。㉖美国对外关系委员会预计，关于南沙群岛，

㉔　Memorandum of Conversation by the Chief of the Division of Far Eastern Affairs (Hamilton), 11 April 1939, USDOS, *FRUS* (1939), III, pp. 115-116.

㉕　同上，at 116.

㉖　The Territorial Group Memorandum on: Proposals for America's Policy with Respect to Japan, TGB 39, 15 November 1941, in Council on Foreign Relations, *Studies of American Interests in the War and the Peace: Territorial Series* (1940-1941).

日本能做的最大让步将是"恢复 1936 年的地理状况"，即恢复法国占有，但"对此美国不应容许，除非……（2）经蒋介石同意"。[97]这项研究没有解释中国在这一群岛的利益基础。

美国对外关系委员会提议与日本谈判，承认中国的利益，与此不同，海军作战部部长提议同日本谈判，仅仅要求它"……从中国海的岛屿……撤退，其中包括非常重要的斯普拉特利群岛……"没有给中国指定任何作用。[98]

以赛亚·鲍曼（Isaiah Bowman，1878—1950）是美国对外关系委员会领土小组的报告员，[99]他起草了领土问题报告。他此后担任罗斯福于 1941 年创立的

---

[97]　同上，p. 4.

[98]　The Chief of Naval Operations（Stark）to the Secretary of State，21 November1941，USDOS，*FRUS*（1941），IV，pp. 631-632. See also The Secretary of State's Special Assistant（Pasvolsky）to the Secretary of State，18 August 1943，USDOS，*FRUS*（1943），p. 725.

[99]　同上，at cover page.

战后外交政策咨询委员会下属领土事务分委会主席一职。⑩⑩领土事务分委会的职能是查明领土问题，并提出将来领土调整的标准。⑩⑪

领土事务分委会出台的第一份关于斯普拉特利群岛的研究是标号为 600-T-342 文件：《斯普拉特利和其他岛屿（新南群岛）》，日期为 1943 年 5 月 25 日，由约翰·W. 马斯兰（John W. Masland，1912—1968）撰写（称"马斯兰文件"）。⑩⑫马斯兰认为，中国对于这些岛屿也有权利主张，⑩⑬中国的权利主张是基于新近的声明而非长期经济活动历史。据马斯兰说，中国渔民世代以来造访这些岛屿，但马来渔民和安南渔民同样如此。⑩⑭马斯兰没有列举他的这一发

⑩⑩ It replaced the Advisory Committee on Problems of Foreign Relations created by State Secretary Cordell Hull in 1940. See The Secretary of State to President Roosevelt, 22 December 1941, USDOS, *FRUS* (1941), I, pp. 594-595.

⑩⑪ Makoto Lokibe, *The Occupation of Japan*：*U. S. Planning Documents* (1942-1945), introduction.

⑩⑫ 同上，600-T-342, 25 May 1943. Masland was a professor in Political Science at Stanford University.

⑩⑬ 同上，pp. 1-2.

⑩⑭ 同上。

现依据是什么。

马斯兰还探讨了其他包括日本和法国等提出权利主张国家的经济活动历史。[105]他认为中国的权利主张不仅是新近提出的，而且与领土范围的官方观念不一致：

"1933 年法国的所有权主张引发中国政府的对抗权利主张，即这些岛屿是中国领土。法国宣布这一消息次日，中国驻巴黎公使即奉命向法国外交部提出抗议。法国驻南京公使答复称，法国是在发现日本渔民不在这些岛屿上且为了提供航行安全的目的而实施占领。*美国驻南京大使馆报告说，中国官方教科书将中国水域最南端的边界描述为延伸到帕拉塞尔群岛的下方，在争议区域以北较远之处。这一说法削弱了中国的权利主张。*"[106]（斜体字为作者加注）

---

⑩⑤　同上，pp. 2-3.

⑩⑥　同上，p. 3. This embassy report is not found in the collection of the University of Hong Kong.

出于前述原因，马斯兰没有建议将这些岛屿移交给中国，因为中国的"权利主张似乎没有实质基础"[107]。这很明显是发挥了（法国驻南京公使）韦尔敦的观点，且这一观点因中国外交部部长要求法国澄清其权利主张的性质而得到加强。所有这些都发生在 1933 年 8 月。

马斯兰为未来处置这些岛屿提出两条标准：一是消除对其他领土的任何安全威胁[108]；二是维护航行安全和自由[109]。看起来，权利主张的合法性并非首要考量，把这些岛屿移交给菲律宾是一个有效的选择[110]，尽管菲律宾并非权利主张国[111]，而移交给中国的选项却被排除了，因为"这些岛屿与中国领土的距离相当远……（且）这些岛屿从任何方面讲对

---

[107]　同上，p. 4.
[108]　同上，p. 5.
[109]　同上，p. 5.
[110]　同上，p. 5.
[111]　同上，pp. 3-4.

中国利益都不是生死攸关的"[112]。

马斯兰文件于 1943 年 7 月由政治研究司审议，其间就处置斯普拉特利群岛的适用标准达成共识。此次审查的记录可见文件 1-C-2：T-记录 52（斯普拉特利群岛）。审查的结果见 1520-H-68 文件：《斯普拉特利岛及其他岛屿（新南群岛）》，日期为 1943 年 10 月 15 日，该文件据称代表咨询委员会的意见。[113]

在 1520-H-68 文件中，中国的权利主张第一次被描述为"中国对领土的权利主张，是基于多年来中国舰艇和中国国民利用这些岛屿从事渔业和贸易活动的事实"[114]，同时还提到安南渔民和马来渔民[115]。但是，没有发现这一权利主张具有"实质基

---

⑫ 同上，p. 4. 马斯兰排除了让日本继续保留群岛的选择。他认为，把所有权给法国或印度支那是可行的方案，因为这样不会对海上安全构成威胁。他还提议将主权移交给一国际组织或由一国进行监督，以维护海上安全和航行自由。

⑬ See Harley Notter, *Post World War Foreign Policy Planning* (*State Department Records of Harley A. Nöiter*), 1939–1945, p. xi.

⑭ 同上，1520-H-68, p. 3.

⑮ 同上，1520-H-68, p. 1. 可能政治研究司的依据是说经济利用不具有排它性，这可以在会议纪要和讨论中找到。

础"，因为这与"中国官方教科书将中国水域最南端的边界描述为延伸到帕拉塞尔群岛的下方"的说法不一致。⑯

更重要的是，与马斯兰不同，政治研究司并不倾向于由菲律宾占有，因为"如要有一个国家来对这些岛屿拥有主权，就不应拒绝法律上更有力的法国权利主张而倾向于菲律宾……"菲律宾"没有对这些岛屿提出正式的权利主张，（尽管）一些菲律宾头面人物以邻近原则（the principle of propinquity）为基础对这些岛屿表示浓厚的兴趣"⑰。法国的权利主张更优越，它"建立在正式兼并（1937年7月）的基础上……"⑱并且有1930年4月法国炮舰造访以及在接下来几年中定期造访、升起国旗等多种主权行为。⑲然而，政治研究司指出，尽管让法国或法属印度支那占有无损于海上安全，但"会在中国点燃愤

---

⑯　同上，1520-H-68, p.5.
⑰　同上。
⑱　同上，1520-H-68, p.5.
⑲　同上，1520-H-68, pp.2-3.

恨情绪"。⑫

此后，1520-H-68 文件由远东司际区域委员会（Inter-Divisional Area Committee on the Far East, IDACFE）⑫进行集中和专门审议，结果形成 CAC-301 文件：《斯普拉特利岛及其他岛屿（新南群岛）》，日期为 1944 年 12 月 19 日。⑫ CAC-301 文件和 1520-H-68 文件在对待中国对斯普拉特利群岛的权利主张方面没有差别。不同点在于，CAC-301 文件提出一个选项，即新南群岛的国际行政管理可交由一国际组织或国际混合委员会或一特定国家或国家集团负责，条件是经"法国政府同意"，以"消除法国对该地区主要岛屿的主权主张"。⑬远东司际区域委员会重申，"处置这些岛屿的主要目标是消除对其他领土安全的威胁，并提供充分的航行调查和

---

⑫ 同上，1520-H-68, p. 5. 因此，该司赞成国际监管。
⑫ Makoto Lokibe, note 117 above, CAC-301.
⑫ 同上，CAC-301, pp. 1 and 4.
⑬ 同上，CAC-301, p. 6.

保障措施"。[124]这解释了为什么远东司际区域委员会在讨论中没有涉及中国权利主张在法律上的有效性问题，而只是侧重于讨论岛屿的国际行政管理的选项。[125]

国务院政策和战后计划委员会（The Policy and Post-War Programs Commitee）重新审议 CAC-301 文件并通过了 1192-PR-43 政策文件：《斯普拉特利群岛的处置》，日期为 1946 年 2 月 2 日。[126] 1192-PR-43 文件将斯普拉特利群岛描述为"没有土著居民，常有渔民使用……"[127]文件认为，中国的权利主张是

---

[124] 同上，CAC-301, p. 5.

[125] Inter-Divisional Area Committee on the Far East, Meeting No. 153, 26 October 1944, at2；Meeting No. 170, 30 November 1944, at1-2；Meeting No. 173, 13 December 1944, at1, in Makoto Lokibe, *The Ocupation of Japan：U. S. Planning Documents（1942-1945）*, 2-B -ll to 2-B-57. 根据记录，讨论中唯一通过的权利主张是法国的，但只是为了确定法国能同意国际管理安排。初期草案规定，如果国际管理失败，则承认法国的权利主张。见 CAC-301 文件，日期为 1944 年 10 月 5 日。该提议被否决了。

[126] Harley Notter, *Post World War Foreign Policy Planning*, 1192 -PR-43.

[127] 同上，1192-PR-43, at1.

建立在"多年来中国舰艇和中国国民利用这些岛屿从事渔业活动的基础上"[128]。文件认为，与法国的相比，中国的权利主张薄弱，因为"*美国驻南京大使馆报告说，中国官方教科书将中国水域最南端的边界描述为延伸到帕拉塞尔群岛的下方，在争议区域以北较远之处*"[129]。

此外，与此前建议不同，1192-PR-43 文件倾向于保持斯普拉特利群岛的不确定性，理由如下：

> "由于美国在斯普拉特利群岛没有直接关切，而且过去未曾支持过任何一个主权争夺者，因此美国此时没有必要对在斯普拉特利群岛主权上采取任何立场。如果法国和中国或任何其他权利主张者无法通过外交谈判友好达成协议，美国应赞成将争议提交国际仲裁或司法裁决。"[130]

指出这点非常重要，一方面 CAC-301 文件和

---

[128] 同上，1192-PR-43, at2.
[129] 同上，1192-PR-43, at5.
[130] 同上。

1192-PR-43 将权利主张国限定于法国和中国，并断然把菲律宾从接收方的考虑中剔除，另一方面1192-PR-43 文件却玩弄起"任何其他权利主张者"的观念。因此，进一步审查已查过的材料和战后计划委员会的会议纪要将是有益的。

1192-PR-43 文件的建议部分被国务院采纳并纳入其提交给国务院-战争部-海军部协调委员会（the State-War-Navy Coordinating Committee，SWNCC）的提案。提案编号为 SWNCC 59/1：《关于对先前日本控制的离岛和小岛屿进行托管及其他处置方法的政策》[131]，日期为 1946 年 6 月 19 日，内容如下：

　　"第三部分　不进行托管的区域

　　……

　　3. 其他区域。

　　（1）斯普拉特利群岛。……根据《开罗宣言》（Cairo Declaration），日本对这些岛屿的权利主张应

---

[131]　United State. State-War-Navy Coordinating Committee（SWNCC）and State-Army-Navy-Air Force Coordinating Committee（SANACC），1944-1949, AnnexB to SWNCC 59/1, pp. 30-31.

予以废除，并在和平方案中为此目的做出适当规定。美国此时除了废除日本的权利主张之外没有必要对群岛的主权采取任何其他立场。"[132]

国务院似乎又回到了日本、法国和中国三个权利主张国的模式，同时根据《开罗宣言》废除了日本的权利主张。SWNCC 59/1 提案于 1946 年 7 月 2 日获得批准。[133]

---

[132] 同上。

[133] 同上。

1945 年至 1957 年法国档案记录：法国对 1945 年后斯普拉特利群岛地位的反思

　　菲律宾 1946 年获得独立后，法国驻华大使向法国外交部部长表示担心，认为中国打算"占领"斯普拉特利群岛（当时仍沿用日本名称"新南群岛"）一事正引起菲律宾的极大关注，为此征询意见。[134]法国外交部法律司 1946 年 9 月 6 日的答复(翻译)如下：

　　法国于 1933 年 7 月 25 日在《政府公报》上宣告斯普拉特利群岛是法国的之时，这一群岛是无主地。菲律宾、美国、中国或荷兰均未做出反应。英国提出一些问题，据说，对法国方面的解释感到满意。只有日本提出抗议。这些岛屿行政上划归交趾支那的巴底省管辖。据说岛上有少量驻军，但提交给法律司的文件没有指明何时何地。法国似乎有一支分遣队，在 1940 年前与日本人一起待在岛上，之后再无信息。日本于 1939 年 3 月 31 日将这一群岛置于其管辖之下，对此法国提出抗议并表示不承

---

　　[134]　French Foreign Ministry Diplomatic Archives，Dossier 213，p. 6 E 117-2，Nankin，5 August 1946.

认。法律司不了解现在(1946年9月)是否有法国人或印度支那人在岛上。法律意见书建议，印度支那当局和法国海军应提供进一步的细节，但无须进行调查，以免引起外国警觉。

为避免再次发生之前曾发生过的(即日本入侵)局势升级，法律意见书指出：

> 必须以庄严的方式重申我们的权利：海军侦察、重建驻军、重新放置已消失的标志、发布官方公报等。这应由印度支那部际委员会(Inter-ministerial Committee)来做。无须等待对日本的和平条约，因为我们从未承认过日本的主权。如其他国家对我们的立场提出质疑，我们可以提交仲裁，只要精心选择仲裁问题和拥有管辖权的法庭，仲裁应对我们有利。

> 如中国提出权利主张，他们可能会以斯普拉特利群岛曾附属于台湾为依据，因为台湾在开罗会议上已归还中国。对此我方只需答复，日本从中国夺走台湾时斯普拉特利群岛仍然是无主地，而且，显然日本的权利并不存在。

> 至于我国总领事就有关菲律宾权利提出警告，事态并不严重，当然我们还应掌握所有历史事实。

随后法国外交部向驻南京大使和驻马尼拉总领事发出信息并附加了法律备忘录。鉴于大使报告称中国已宣布要"占领"斯普拉特利群岛的意图，还给了法国驻南京大使雅克·梅里尔（Jacques Meyrier）建议：

"由于中国当时对法国的占领并未提出异议,[135]因此不要主动与南京政府接触并讨论我们对斯普拉特利群岛的主权问题，这样做既无用也不合时宜。不过，若有人对你提起此事，你可基于所附文件回应。"[136]

法国档案提供了一些有益的信息，反映出法国

---

[135] The Chinese Foreign Ministry letter cited above requested clarification and reservation of position.

[136] The attached document being the legal opinion of 6 September 1948, above. Dossier 213, E 117, p. 25, 21 September 1946，外交部部长致法国大使，就菲律宾的权利主张，已向马尼拉发送相似信息。菲律宾和美国没有在我们第一次占领时对我们的权利提出异议。以同样的基调，印度支那委员会鼓励海军上将乔治·蒂埃里·德阿尔根利厄采取行动，同时要求美国海军不要鼓励菲律宾对斯普拉特利群岛提出权利主张。

在中国、越南和菲律宾对于斯普拉特利群岛的权利主张问题上的态度。关于越南，法国一向坚持认为，他们夺取斯普拉特利群岛完全是以自己的名义进行的，他们维护这一立场一直到 20 世纪 70 年代，并称他们"没有必要"设想把权利转交给越南，这里指南越。

此后发生了一系列事件，在 1956 年夏天达到顶点，这些事件具有历史意义。法国内部对于米亚勒（Mialhe）先生在斯普拉特利群岛开采磷酸盐的申请进行长时间的讨论。法国海外领地部于 1952 年 1 月 5 日提交给外交部秘书长的一份材料指出，中华人民共和国称，根据中国地图，这些岛屿在中国疆界内。尽管如此，海外领地事务部提出的建议是，或者给予米亚勒开采许可，或者告诉他法国政府不反对，他可以从事这项开采，但风险自负。[137]

随后举行了一次部门间会议，会上一致同意外交部的意见是最重要的，法律地位问题属外交部的职权范围。外交部代表说，由于法国与中国的关系

---

137 同上，117-2, 5 January 1952, p. 86.

尚不明确，因此不倾向于给予开采许可。⑬⑧

随后，外交部于 1952 年 1 月 17 日致函答复海外领地事务部称，目前在这么一块海外领地上授予米亚勒先生开采许可不合时宜，此地并无保护且有中国等多个国家对此主张所有权。⑬⑨

这并不是说，法国采信了中国或菲律宾的权利主张。对于中国来说，南海属于中国是一项历史性权利主张之和。这反映在中国学校使用的地图中。⑭⓪这一观点具有很大的争议性，且没有任何（现代）中国曾占领过这些岛屿的权利主张作为佐证。⑭①至于菲律宾，它声称仅仅邻近有关岛屿就给了它在国际法上的权利依据，这一说法在法律上是很不严肃的。⑭②

---

⑬⑧　同上，Reunion of 15 January in Ministry of Over seas territories，p. 88.

⑬⑨　同上，117-2，p. 91.

⑭⓪　For instance，同上，117-2，p. 130；Note of the Direction-General of Political Affairs，11 July 1955.

⑭①　同上，117-2，Note Ministry Foreign Affairs，Asie-Oceanie，8 September 1953，p. 112.

⑭②　Note 72 above，p. 131.

统而观之，有一份备忘录特别重要，它是对"中华民国"(台北当局)对斯普拉特利群岛为期超过13天的大型海军行动的回应。这次行动包括登陆各个岛礁、设置主权标志，1956年6月16日《中国邮报》(China Post)对此做了报道。[143]几乎与此同时，1956年6月18日，革命公务员联盟在西贡省召开一次有400人参加的会议，会上一名越南官员断然对斯普拉特利群岛和帕拉塞尔群岛提出权利主张。法国大使就此报告巴黎并要求法国明确答复。[144]

这些事件之后，法国外交部部长于1956年7月3日给海外法属领地部部长和海军部部长送交一份关键性的备忘录。其中大量引用法律意见，并指出以前关于加强法国在群岛上存在的法律意见未得到有效实施。[145]内容概述如下：

---

[143] Dossier 522, especially 10. 234/3, Embassy of France at Taipei, 16 June 1956, to the Minister of Foreign Affairs, Paris, p. 0322, 登陆岛屿为太平岛、南威岛和西月岛；视察岛屿为南子岛、北子岛、中业岛、鸿庥岛和南钥岛。

[144] 同上，p. 0325. Saigon 19 June 1956 Ambassador.

[145] Dossier 522, Asie-Oceanie 1944 -; Chine 1956 - 1967 E10. 234/5, p. 0330, 3 July 1956.

"您可能听说过，一位菲律宾人竭力引导菲律宾政府将群岛中的某些领土占为己有，而菲律宾政府仍在继续（观望）等待，然而台北、北京和西贡的政府⑭已公开宣布对斯普拉特利群岛独享权利主张。河内政府什么都没有说。

我们提醒菲律宾，斯普拉特利群岛是法国的，至少自1933年在《政府公报》上宣布以来如此。这一立场也明确告知了中华民国驻巴黎使馆的代办。在过去15天里，南越政府一直坚持其权利主张，在我们看来，这是错误的。因此我们不得不正式重申对群岛的所有权，若不这样做，一定程度上具有削弱我们法律立场的危险。然而，走出这一步可能导致法越关系紧张，而此际我们双方还有其他更重要的问题需要讨论。倘若我们同北京建立外交关系，此事也会成为我们之间的一个议题。这就是此事的政治方面。

另一方面，就法律层面而言，外交部法律顾问指出，法国对斯普拉特利群岛的主权论据存在一些

---

⑭　原文如此，这里系分别指台湾当局、中国政府和西贡当局。——译者注

弱点。针对越南，毫无疑问，我们有效的依据是：

1. 斯普拉特利群岛是法国人发现的，不同于帕拉塞尔群岛，越南称那是他们在 18 世纪发现的；

2. 越南在 1949 年并没有对它们提出权利主张，而这些岛屿一直被标绘在法国地图上；

3. 在将交趾支那划归越南国家元首权力之下的条约没有提及这些岛屿。

然而同时：

1. 法国政府正式拥有这些岛屿发生在 1933 年，并于 1933 年 7 月 26 日在《政府公报》上宣布，但未有官方决定将这些岛屿划归印度支那的某个省。实践中，它们于 1929 年 3 月按照印度支那总督的指示行政上被划入（法属交趾支那）巴地，'以方便一家公司进行矿产开采以及对岛屿开展地质潜力研究'。

毫无疑问，未正式划定岛屿行政归属可作为论据反驳越南的论点，但我们很难援引，若援引势必削弱我们关于法国对这一群岛拥有主权的论点。国际法赋予积极的和官方的主权行为以决定性的意义。

2. 在 1949 年 3 月 19 日皮尼翁（M. Pignon）致保大（Bao Daï）的函中，完全没有提及斯普拉特利群岛，这不足构成一项证据，这只是反推得出的结论，在国际法上不是决定性的。

3. 在旧金山会议上，越南代表于 1951 年 9 月 7 日正式确认越南对斯普拉特利群岛的权利。

4. 1949 年以来，法国占有行动缩减，仅限于两次军舰访问，一次是 1955 年吉罗德舰长（Commandant Giraud），一次是今年 1 月弗朗西斯·安邨（Francis Garnier）号护卫舰。"

就最后一点，许多份文件都指出法国这一表面活动的真正性质。例如，一份 1951 年 5 月 17 日发自西贡的电报提到 1946 年法律意见说的显示存在。电报说，外交部通过海外领地部要求海军部不要派出法国海军巡视，因为已知那里住着中国人，能设想的最高方案是空中侦察。中国政府的意图仍然是将整个南中国海纳入自己的势力范围。[147]此事的后续是，法国驻台北"大使馆"记录了中华人民共和国就法国帝国主义者 1933 年妄图夺取斯普拉特利群岛行为提出的一次抗议，指出这是罔顾斯普拉特利群岛

---

[147] Dossier 213，117-2，p. 76，Saigon 17 May 1951，Hausssaire.

属于中国可以追溯到宋朝的事实。可以设想，当时中国政府应就帕拉塞尔群岛和斯普拉特利群岛遭到入侵多次提出强烈抗议。[148]

法国外交部部长在海外领地事务部的同事面前得出与 1956 年备忘录相同的结论，并询问，鉴于法国已失去在越南的所有据点，再考虑外交因素和提交国际仲裁前景，这些岛屿对于法国有什么实用价值。

随后，法国外交部政治事务司司长提交的一份重要文件指明，法国需要采取哪些步骤以表明自己的立场。法国政府认为斯普拉特利群岛是法国的，但承认北京、台北、西贡对此有权利主张，不用说还有一个菲律宾人凑热闹。文件指出，法国已对菲律宾政府和国民党政权在巴黎的临时代办表明，斯普拉特利群岛在法国主权之下。尽管如此，南越坚称拥有权利，法国应考虑对其通报法国立场。然而考虑到在司法层面上法国的主张存在一些弱点，而且这一问题看起来对法越关系可能造成令人不快的

---

[148]　同上，117-2, p. 83, 28 August 1951, Chataigneau.

后果，外交部希望从海军和海外领地部了解，法国离开越南之后这些岛屿有多么重要。同样的考虑也适用于同北京重新建立关系的情况。若如此，将进一步增加困难。[149]

海军和海外领地部的回应确认斯普拉特利群岛为法国领土。海军提及"杜蒙·杜维尔"（Dumont D'Urville）号军舰 1956 年 7 月的访问。法国在印度支那没有领地大大减损海军利益。尽管如此，如果海军自 1930 年至 1956 年一直维护并重申对有关领土的权利不能使法国在谈判中受益，而只能做一些交易，这将是令人遗憾的。[150]

海外领地部的观点不同。法国在 1949 年没有将斯普拉特利群岛移交给越南，这点十分重要。由于法国失去了印度支那的立足点，因此这些岛屿似乎没有什么意义。然而，它们富含鸟粪沉积物，适合作为气象基地。应保留这些权利。应坚持这样一个基本观点，即法国没有把在远东所有领地的所有权

---

⑭　同上，E1023.4/3, 12 July 1956, p. 0340.
⑮　同上，E10.23. h. 3, 3 August 1956, p. 0352.

移交给越南。应对印度尼西亚处理伊里安岛的方式保持警惕。⑮

还有一个细节值得探讨。前述法国"杜蒙·杜维尔"号军舰于 1956 年 7 月 21 日造访斯普拉特利群岛时，按照上级指示，没有设置体现法国权利主张的标志物，而只是进行观察。法国人注意到国民党政权设置的主权标志遭到菲律宾人克洛玛的涂抹和移动，但是中国的主权标志仍在。⑫

有一份外交部部长给特命全权大使的文件说，一项海上使命是，当军舰在这些岛屿前停泊时，应摧毁中国的主权标志并重建法国的主权标志。⑬

最后一份文件没有日期，它很可能是 1956 年 8 月外交部部长提交给内阁的纪要，上面布满手书的修改内容。这份文件记录了海外领地事务部和海军部对外交部的回应。它添加了法律司顾问的看法，

---

⑮　同上，4th August Ministry of Overseas territories，p. 0354.

⑫　同上，Extraordinary Ambassador Hoppenot，9 August 1956，p. 0357；and Rear Admiral Douguet Report of Visit，Maritime Pacific Force，6 August 1956，p. 0358.

⑬　同上，22 August 1956，p. 0363.

"如果我们在占有斯普拉特利群岛上拥有某些诉讼意义上的权利依据，我们的文案在国际仲裁中还存在某些漏洞"。文件继续说：

"因此，不能完全排除这样的可能性，我们被事件所牵引，可能在某一日期和不确定的条件下，不得不放弃对这一群岛的权利主张。我们在等待这一问题获得可能的解决过程中，政府态度应该是对本国(国民)的意见或国际的意见均有所交代，以避免使放弃权利主张变得更加困难。聪明的做法是不让这个问题在我们处理与其他政府的关系中分量过重。

5月以来，斯普拉特利群岛问题在某些国家引起的激动情绪愈演愈烈，这提醒我们是时候清晰地设计我们应采取的立场。在这种情况下，有三种可能性：

(1)就我们对斯普拉特利群岛的权利与同样提出权利主张的政府之一进行谈判。这一方案应予以避免。例如，若我们针对越南放弃我们对斯普拉特利群岛的权利，且不承担随后支持越南权利主张的义务，他们作为交换什么也不会给我们。若我们承担这样的义务，我们将难以面对共产党领导的中国。

（2）维护我们的权利，但谨慎行事，尽可能缩减我们的行动和公开声明数量。要保持这样一种姿态不大容易，特别是考虑到其他权利主张方在这个问题上的激动情绪。

（3）与我们迄今一贯支持的观点相反，假设斯普拉特利群岛已通过默认的方式随同交趾支那一并转交给了越南。

这一选择的好处是可以避开将割让斯普拉特利群岛问题提交议会审议。"[154]

亚洲-大洋洲局希望内阁就此给予指示。

正如英国档案所指出的，20 世纪 70 年代之前，亚洲-大洋洲局未收到任何指示！

---

[154]　同上，August 1956, 10-23-4-3, pp. 0364-66.

美国 1949 年后对斯普拉特利群岛的态度

在旧金山《对日和约》第 2 条（f）款中，日本放弃了对帕拉塞尔群岛和斯普拉特利群岛的所有权利依据和权利主张，但没有将其转让给任何其他国家。对于美国来说，这一条款是对日总体战略的一部分，美国希望确保其主要目标不会遇到任何障碍：与日本缔结一项和平条约，结束美国对日占领，但是要确保日本作为新的主权国家能给予美国法律权限可以无限期保留在日本的军事基地。约翰·福斯特·杜勒斯（J. F. Dulles，1888—1959），国务卿迪恩·艾奇逊（Dean Acheson，1893—1971）的特别助理，考虑道格拉斯·麦克阿瑟（Douglas MacArthur，1880—1964）将军的建议，认定日本人迫切要求结束占领，而在有争议的领土权利上争辩不休，只会拖延这一进程。

杜勒斯于 1951 年 8 月 2 日向参议员亚历山大·威利（Alexander Wiley，1884—1967）解释这个问题：《雅尔塔协定》并不相关。重要的是《波茨坦公告》规定日本必须放弃一些领土。在对日和约中对这些领土的最终处置做出规定既没有必要，也不切实际：

> "这是国际上意见分歧很大的议题，如果此际试图解决这个问题，结果无疑是无限期地拖延对日和约的缔结。"[153]

俄罗斯人特别乐见推迟签署对日和约的进程，如同他们在对德国的和平条约和对奥地利的和平条约上已经做的那样。此类活动应予以避免。[154]苏联提出一项替代条款，即这些群岛应移交给中国。这至少意味着在谁拥有这些岛屿上中国和法国之间存在争议。国务院记录的证据表明，杜勒斯不了解有关这些岛屿的争端，而且条约早期草案没有提及这些岛屿。法国提醒杜勒斯注意这些岛屿的重要性，

[153] Dwight D. Eisenhower Library relating to John Foster Dulles Papers, Seeley Mudd Manuscript Library, Princeton University, NewJersey; J. F. Dulles and John Allison Files on the Japanese Treaties 1951-2, Box 63.

[154] 同上，Radio Address by John Foster Dulles, 15 August 1951.

并促使他在第 2 条中加入一项专门子条款，即第 2 条(f)款。他的文件显示，他认为这是一项法国关切。然而，正如已经看到的那样，美国从未正式和无条件地承认有关权利主张，并一直告诉法国这些岛屿的所有权存在争议，解决争端的适当方法是通过和平手段特别是仲裁，予以和平解决。

约翰·摩尔·艾里森(John Moore Allison, 1905—1978)于 1952 年 7 月 12 日就加拿大提出关于领土地位的第 2 条(b)、(c)和(f)款的询问做出正式答复。"相关领地的当前地位不会由现在主导因条约结果而发生变化。第 2 条唯一目的是将日本从前景图片中移走。"[157]但是，在杜勒斯文件中，还有一份日期为 1951 年 6 月 15 日的文件显示各国利益和关切主题的清单，在"法国和领土"栏目下标注：斯普拉特利和帕拉塞尔群岛被放弃。[158]（原档案有下划线）

---

[157] Dwight D. Eisenhower Library Files on J. F. Dulles and J. Allison Files on the Japanese Peace Treaties, Box 63, P1 File 4 Princeton University, Stanley Mudd Manuscript Library.

[158] 同上，Box 63, File 3.

1974 年帕拉塞尔群岛危机，美国国务院推出一份备忘录，解释第 2 条 (f) 款被引入条约的背景。记录显示，这项条约规定，在 1951 年 3 月 23 日、5 月 3 日和 6 月 1 日较早的草案中没有，在国务院的工作文件中没有提及，在旧金山和会共同发起国的英美两国往来文书记录中也没有提及。第一次提及是 1951 年 6 月 14 日的条约草案，并随后出现在所有草案中：

"……可能是由于法国人的坚持。在与约翰·福斯特·杜勒斯的一次会见中……6 月 11 日在巴黎，法国外交部几位官员参加，其中之一詹姆斯·拜恩斯 (James Baeyens) 提及海南以东两个部分被海水淹没的小岛问题 (看起来不像是指海南以东远离越南的普拉塔斯群岛⑲) 。他说，其中一个岛屿被共产党中国派出 50 人占领，另一个由 20 个越南人占据。他要求日本放弃对这些岛屿的任何权利主张。杜勒斯

---

⑲　原文 the Pratas，系指中国南海诸岛的东沙群岛，下同。——译者注

先生说，他对这些领土问题不熟悉，要求就此问题给他写一份材料。"⑩

这并不是说，如果美国人确信这些岛屿属于中国，且没有重要大国对此质疑，它们就将被移交中国。第2条(a)款包含承认朝鲜半岛的独立。对美国人来说即使清楚这些群岛确实属于中国，他们还是不会把移交给中国作为规定写下来。这一事实对美国随后在 1956 年和 1974 年处理这一问题非常重要。国务院先前的政策规划文件以及乔治·凯南、约翰·杜勒斯和其他人多次表达的观点显示，在领

⑩　State Department, NARA College Park, Maryland: Series (59) Pol. 32. 6 Vietnam 78D350, 11 January 1974, Vietnamese Claims to the Paracel and Spratly Islands W. M Franklin to Mr. Rosenberg RM1080, National Archive of the United States, College Park, Maryland. The document cites a memorandum by Dulles of a conversation with Parodi, Chauvel, Naggiar Roux, Charpentier, and Cerles (French Foreign Office), which contains on pp. 4-5 the request that Japan should renounce any claim to "two small and partially submerged islands to the East of Hainan". This is then what has been just noted above in the Dulles paper of 15 June 1951, note 127 above, stressing the islands were "renounced".

又，在美国国务院记录中未找到这样一份材料。——作者注

土移交和中国参加旧金山和会问题上冷战战略思维占据主导地位。[161]

美国国务院的法律文件记载，鉴于英国和美国就哪个政府代表中国的问题没有达成协议，因此和会上任何领土移交都不可能予以考虑。因此与领土有关的问题只能用权益担保的措辞予以处理。[162]法律备忘录就此总结道：

> "由于美国和苏联不太可能就领土条款达成协议，且如苏联和共产党中国不是和约缔约方，任何领土安排都不会是最终的，因此在会上尝试处理领土问题所获甚少。最好将此视为与安全领域有关的事项，试图予以解决为时过早。"[163]

在这样的背景下，这里可以看一看参谋长联席

---

[161] See, in particular, State Department, Files College Park, Maryland, vol. 59, Office of the Legal Adviser Japanese Peace Treaties: Japanese Paece and Security Settlemen, 24 February 1950, at pp. 5-67-8a/and 8b Japanese Peace Treaty File, 9680 etc.

[162] 同上，pp. 10-11.

[163] 同上，Note2 on Procedural Questions.

会议的一份建议:

> "需要确定的是，无论明示或默示，把可能被共产党中国利用的权利主张写入条约，是没有基础的，共产党中国主张对台湾、澎湖列岛、帕拉塞尔群岛和斯普拉特利群岛拥有主权。"[164]

尽管来自国防部内部的这一立场并不涉及合法性问题，然而，它却没有对三处领土加以区别。甚至，参谋长联席会议反对任何与日本缔结和平条约的做法，这确切地说，实际上非常有利于中国和苏联。他们认为，约翰·福斯特·杜勒斯推行的对日和约，除了从安全角度看是不可取的之外，整个概念都是非法的。理由是根据《波茨坦公告》的规定，当日本满足某些条件——实现和平与民主之时，军事占领就应该结束，日本不再有外国驻军。美国国

---

[164] Memorandum for the Secretary of Defense, 26 June 1951, USDOS, *FRUS* (1951), VI, p. 1157. It was approved by the Defense Secretary. See Secretary of Defense (Marshall) to the Secretary of State, 28 June 1951, USDOS, *FRUS* (1951), VI, p. 1155.

务院所建议的东西则是完全不同的，即新的日本主权国家应该同意由美国几乎独家继续无限期地在日本驻军。这给了苏联和中国政府在法律上进行指责的基础，并给了他们不参加这项本质上非法的活动的理由。更值得注意的是，国务院首席法律顾问阿德里安·桑福德·费舍尔（Adrian Sanford Fisher，1914—1983）完全同意国防部的意见。他于1950年1月19日致函国务卿迪恩·艾奇逊。就国务院的两项建议，即：（1）缔结一项恢复与日本正常政治关系的协议，但保留驻日本盟军最高统帅的法律权威不变，（2）缔结一项和平条约，授权维持美国或西方同盟驻日本的基地，法律顾问的措辞如下：

> "如果美国未经中国和苏联的同意而遵循第一条或第二条路线，将大大偏离根据《波茨坦公告》《日本投降书》和1945年《莫斯科协定》等国际协定制定的占领安排。这种偏离将导致中国和苏联指控美国及其合作伙伴正在严重违反这些国际协议……。"[165]

---

[165]　Department of State Records 59, Office of the Legal Adviser 9603-4.

费舍尔接着提出，那样美国将不得不辩称，情势变迁要求采取新的路线。但是，只有某国际权威机构如联合国大会为此背书，才具有说服力。在此期间，如不与现有占领安排做一个彻底了断，"将导致迂回模糊的行动路线出现令人尴尬的异常情况"。它无法终止日本与此种安排签署国之间的战争状态。[166]

换言之，美国国务院法律顾问认为，旧金山《对日和约》并未终止日本与中国和苏联之间的战争状态，其条款无论在领土或任何其他事项上，均没有任何法律效力。这对约翰·杜勒斯而言并不重要，他用冷战背景为他的行动辩护，认为日本自身无法抵御中国和苏联的渗透。共产主义不是通过直接的军事侵略运作，而是通过间接的颠覆运作，例如支持日本共产党。杜勒斯的主要关注点是，他说服日本政府基于其主权决定接受美军在日本的永久驻

---

[166] 同上。These arguments were made all the stronger by the refusal of India to accept the Peace Treaty because it did not assure the sovereign independence of Japan.

军，而不必采取美日军事同盟的形式。日本对美国没有相互的军事义务。⑯

在所有这些讨论过程中，对杜勒斯、费舍尔和其他美国人很清楚的是，中华人民共和国政府就是中国政府。所谓"中华民国"只是中国的一部分，美国决心将其保持在共产主义利益范围之外。美国希望鼓励日本与所谓"中华民国"缔结一项和平条约，然而，非其所愿，条约在诸如帕拉塞尔群岛和斯普拉特利群岛等领土问题上采纳了相同的用语。美国不愿意在法国和"中华民国"之间做出选择。

尽管如此，美国对于诸如台湾和澎湖列岛等明显属于中国领土的真实立场显示出美国对于领土权利主张的态度是怎样服从冷战需要而发展的。杜勒斯断言这些领土不会自动移交给中国。他写道，相关的标准是台湾人的福祉和愿望。在对印度政府援助的备忘录答复中，就条约草案，他说：

---

⑯ Dwight D. Eisenhower Library Files on J. F. Dulles and J. Allison Files on the Japanese Peace Treaties, Box 63, P1 File 4, Japanese Peace and Security Settlement.

"关于台湾，我们相信，犹如印度提议的，对'何时'把台湾归还中国持开放态度，这与和平条约让整个问题悬而未决但保证清除日本在其中利益，具有异曲同工之妙，同样合适。没有人能说，在未来不可预测的日子，把它归还中国必然符合岛上居民的最大利益。他们的福祉根据《联合国宪章》才是至关重要的……。"⑯

　　整个背景是苏联和中国结盟，中国是小老弟。他们的目标是通过间接渗透和颠覆主导世界，朝鲜是已证明的一例，在越南还将如法炮制。⑯

　　这是理解美国对1956年危机回应的框架。1956年9月19日的一份记录，即被菲律宾在南海仲裁案中用作菲律宾诉状附件的第358号文件，似乎重申了参谋长联席会议(JSC)的立场，即压制中国的权

---

⑯　Japanese Peace Treaties, Box 63, J. F. Dulles reply to Indian Government, 31 July 1951, p. 5. In the reply to the Pakistan Government on 13 August 1951, he wrote that a disposition of Formosa could not preclude a consideration of the wishes of the inhabitants, in 同上, pp. 2-3.

⑯　Note 135 above.

利主张：

> "琼斯先生应 ISA 帕特森上校的要求召集这次会议，要求美国国务院就斯普拉特利群岛问题发表意见。格雷先生收到拉德福德海军上将的备忘录，其中指出，在我看来，美国鼓励越南、国民党当局和菲律宾共同实施一项行动是有利的，可以防止共产党中国占领或利用斯普拉特利群岛。"[170]

这一提议似乎偏离了战后规划时期占主导的三个权利主张方的共识。如前所述，在战后规划中就菲律宾是否应被视为新的权利主张方有过争论。1947 年，美国驻马尼拉大使馆告知国务院，菲律宾说有意图提出权利主张，要求获得"对新南群岛的主

---

⑰　Annex 385 to Supplemental Written Submission of the Philippines, vol. III, available at http://www.pcacases.com/web/view/7.
　　本小节下面的大部分研究都得到了梅丽莎·洛哈的重要协助 (The research assistance of Melissa Loja for the most of the rest of this section was invaluable).

权"⑰。法国大使馆也提及菲律宾的权利主张被延后之事。⑫对此国务院菲律宾事务司答复如下：

> "法国于 1933 年宣告占领的斯普拉特利群岛，后来被日本夺取并于 1939 年 3 月 31 日兼并。随着战争的结束，法国和中国再次重申对这些群岛的权利主张。很难准确地看到，菲律宾怎么插入到这个局面中。"⑬

但如果考虑主导整个美国式思维的政治、战略和安全维度，这里没有偏差。在国防部和国务院关于战略问题的交流中，这一点最为明显不过。副国务卿罗伯特·丹尼尔·墨菲(1894—1978)于 1956

---

⑰ American Embassy, Manila to Secretary of State, 23 July 1946, in Confidential U. S. State Department Special Files Japan 1947-1956, slide no. 00138.

⑫ Memorandum of Conversation, 26 January 1947, 同上, slide no. 00727. Letter from PI to SEA dated 31 January 1947, 同上, slide 1947, in Confidential U. S. State Department Special Files Japan 1947-1956, slide no. 00726-727.

⑬ Letter from PI to SEA, dated 31 January 1947, 同上, slide 00819.

年6月5日致函国防部负责国际安全事务的助理部长戈登·格雷(1909—1982)说，中国国民党当局、英国、法国都对斯普拉特利群岛有权利主张。越南自认是法国权利主张的继承者，但法国否定此说。随着克洛玛的主张，菲律宾冒了出来。墨菲继续说：

> "美国没有就各方现有权利主张的有效性采取任何立场，也没有对菲律宾在该地区目前的活动表示任何意见。但是，未来可能有人建议改变立场，目的是使这些岛屿不要落入共产党国家之手，而是由一个可靠、有能力的友好国家控制。"[174]

更高层次上，约翰·杜勒斯本人插手其中。他总是将问题概括化，并对东太平洋和南中国海所有远海岛屿一并处理。自这个阶段以来有两项进一步发展。首先，在1956年帕拉塞尔群岛之战中，美国

---

[174] Department of State RG 59, Bureau of Far Eastern Affairs Miscellaneous Subject Files 1956 Box 2. File US State Department Paracels and Spratlys 9272-3.

罗伯特·丹尼尔·墨菲
（时任美国副国务卿）

戈登·格雷
（时任美国国际安全事务部长助理）

约翰·福斯特·杜勒斯

（时任美国国务卿，冷战初期美国外交政策的主要制定者）

讨论了有无必要干预的问题。美国在这个群岛上有关切，它权衡在东南亚条约组织(SEATO)下采取行动的选项：

　　"在向他概述局势后，国务卿指出，此事极其重要，美国应采取快速、有效的行动。在他看来，这是共产党中国的一次试探行动，与近海的金门和马祖岛联系起来，迅速采取行动是有益的。他进一步指出，美国政府在这里有关切，而东南亚条约组织其他成员则没有。他提议我们应以东南亚条约组织的名义有所动作。"⑰

国务卿进一步用旧金山《对日和约》来说明采取行动的合理性：

　　"国务卿在讨论中指出，我们可以考虑在《对日和约》下采取行动，美国对于所有日本先前领土均有

---

⑰　Memorandum for the Files, by the Deputy Assistant Secretary of State for Far Eastern Economic Affairs (Jones), 10 June 1956, USDOS, *FRUS*: 1955-1957, China, p. 378. (1955-1957).

剩余责任。他还试探性地说，也许我们可以根据东南亚条约第 8 条单方面采取行动。"⑰⑥

没有记录显示美国采取了什么行动及行动依据是什么。

其次，在 1972 年，美国军舰和军机闯入帕拉塞尔群岛 12 海里范围，中国对此表示抗议。⑰⑦美国采取的政策是至少与帕拉塞尔群岛保持 12 海里的距离，但强调这一政策并不意味着美国承认中国拥有帕拉塞尔群岛。⑰⑧

在 1974 年危机升级过程中，中央情报局加紧收集有关斯普拉特利群岛情报的行动，其中包括撰写一份简报。简报的立场是，中国基于历史性权利的权利主张缺乏证据支持。不过，简报承认中国与其他国家一样，都曾在这些岛屿上开展经济活动：

---

⑰⑥　同上，p. 379.

⑰⑦　Undated message from the Government of the United States to the Government of the People's Republic of China，USDOS，*FRUS*，China，March to December，1972，p. 873. For this second stage，the research benefits from research assistance of Melissa Loja.

⑰⑧　同上。

"6. 据说中国对斯普拉特利群岛区域的权利主张可追溯到公元 3 世纪，但这些早期权利主张无法得到可查阅的文献支持。中国人看起来很长时间以来就在这些海域从事捕鱼，他们指出，航海家郑和在 15 世纪初以皇帝的名义重新确立对这些岛屿的主权。鲜为人知的是越南人过去的活动，他们可能在 19 世纪初就对斯普拉特利群岛提出了权利主张。

······

12. 自 1950 年至 1956 年期间，斯普拉特利群岛表面上看完全无人居住。在这些岁月里，群岛仅仅被中国人用做短暂停留，还有菲律宾渔民，他们在此捕鱼多年。然而，1956 年年初在斯普拉特利岛上曾一度飘起过法国国旗。"[179]

根据华盛顿特别行动小组 1974 年 1 月 25 日会议的一份记录，会上托马斯·辛曼·摩尔(1912—2004)海军上将说，由于斯普拉特利群岛是争议领

---

[179] See Directorate for Intelligence, Intelligence Memorandum: The Spratly Islands Dispute, August 1971, U. S. Declassified Documents Online, available at http://tinyurl.galegroup.com/tinyurl/3jJYm5.

土，"整个区域"都是问题。国务卿亨利·基辛格（Henry. Kissinger）问：斯普拉特利群岛是什么？我们在这些岛屿问题上从来没有采取过什么立场吗？海军上将报告说："法国在20世纪30年代占有这些岛屿，直到战争期间日本将其据为己有，法国于1955年放弃自己的权利主张，日本则于1951年放弃自己的权利主张。自此以来，南越和共产党中国一直对这个群岛有权利主张。菲律宾有很弱的权利主张，而且仅仅是纸面上的。"海军上将说，他的指示是要远离整个地区。"那就是你想要的，对吗？"基辛格回答："有不同意的吗？"⑱

1974年1月31日又开了一次国务院事务级官员会议。会议决定摘要第1号如下：

"我们不想在斯普拉特利群岛做任何可能鼓励中国相信可以放手采取军事行动的事情，或者让我们的盟友相信，我们面对这种行动前事先得到警告是没有用的。"

---

⑱ *FRUS* 1969–1976 Vol. X Vietnam, Jan 1973–July 1975.

这次会议的一个主要问题是菲律宾是否能或者会援引美菲《共同防御条约》。会议一致认为，这一点不清楚。这一次，菲律宾没有援引，而美国也就没有提及。

两年后在 1976 年美国和菲律宾就《共同防御条约》的谈判中，菲方想要美国承诺如中国决定重新夺回被菲律宾兼并的斯普拉特利岛[180]时美方给予保护。美国则继续维持其观点，即斯普拉特利群岛是争议领土，它在共同防御条约覆盖范围之外。美国不承诺保护菲律宾，除非菲律宾军队在有关区域内进行和平合法活动时遭到袭击。还有，美国尽管坚持不在权利主张各方之间选边站队，但始终认为菲律宾的权利主张是最虚弱的。

这些讨论记录在由美国驻菲律宾大使馆发往国务院的电报中。菲律宾官员想知道，如果在里德滩[182]发生紧急情况，美国会做出什么反应。菲律宾

---

[180] 原文 Spratley Island，系指中国南沙群岛的南威岛，下同。——译者注

[182] 原文 "Reed Bank"，系指中国南沙群岛的礼乐滩，下同。——译者注

认为根据 1958 年日内瓦《大陆架公约》，里德滩是菲律宾大陆架的一部分。威廉·希利·沙利文（1922—2013）大使答复如下：

> "美国视这一区域为争议领土，美国一方面理解并不会采取任何可能削弱菲律宾对这一区域权利主张的行动，另一方面支持一项所有权利主张当事方均寻求满意的和平解决方案。美国不会坐视非友好力量占领这一区域，并对美国军事基地构成直接威胁，同时也注意到有关陆地区域不足以支持重大军事存在。"[183]

总统国家安全事务助理上呈给福特（Gerald Ford，1903—2006）总统的最后备忘录对此解释说，对于马科斯要美国在里德滩保卫菲律宾军队的请求，最好的回应是给予模糊的答复，明确的拒绝将使马科斯在美国军事基地问题上更难对付，而明确的肯定将增加菲律宾和越南之间紧张关系的可能

---

[183] Telegram from Manila 09703, 060753Z, 6 July 1976.

性。采用模糊答复路线：

"在答复中，我们要指出，菲律宾部队在里德滩作业为《共同防御条约》所覆盖，只要他们的存在符合《共同防御条约》的有关规定，特别是第1条'关于和平解决争端和避免武力威胁或使用武力'的规定。这样的回答将给我们留有必要的灵活性，以裁量我们针对菲律宾飞机遭遇袭击时的回应，既不扩大也不缩小我们当前的条约义务；并让我们避免其他两个选择所面临的重大风险。"[184]

这是福特总统批准的路线。

---

[184] *FRUS*, 1969 – 1976 Vol. E-12, Documents on East and Southeast Asia, 1973–1976, Document 353 undated.

1945 年以后英国对斯普拉特利群岛的态度以及 1974 年法律顾问会议纪要的背景

英国自 1940 年至 1951 年对斯普拉特利群岛看法的记录比较稀少。1949 年英国收到报告称："海南特区行政长官公署决定设立专门组织，以加强对南中国海的帕拉塞尔群岛、普拉塔斯群岛和斯普拉特利群岛的控制，由王英瑜(Wang Ying-Yu，音译)先生担任特派专员。"⑱此外，1951 年 8 月，"华南海军当局提议在那里(斯普拉特利岛)建造一个供鱼雷艇和潜艇使用的基地……(且)广东省海岛管理局局长林平(曾)获指示在该地区建立行政机关"⑱。

---

⑱ FO 371/75793, Foreign Office Files for China, 1949-1956, Despatch No. 55, British Consulate General in Canton, 18 August 1949.

⑱ FO 371/92202, Reports, comments and information on the ruling Chinese Communists (1951) (Folder 11), Letter of W. P. Montgomery, United KingdomTrade Commissioner to Under Secretary, Commercial Relations & Exports Department, Board of Trade, 21September 1951, p. 00155.

然而，似乎没有英国方面对中国在群岛上的这些活动做出反应的记录。

1951年，英国与美国共同起草旧金山对日和约，誓言和平条约应"按照《波茨坦公告》，规定日本应全面放弃其对应被剥夺的所有领土的权利主张和权利"[187]。但是，英国提出的对日和约临时草案漏掉了斯普拉特利群岛。[188]英国注意到中国外交部部长周恩来（1898—1976）批评和平条约草案虽然"规定日本应放弃对南威岛（斯普拉特利岛）和西沙群岛的所有权利，但依然丝毫没有提及恢复对这些岛屿的

---

[187] FO 462/5, Further Correspondence Respecting the United States of America (USA)：part 5, January to December 1951, FJ 1022/108, Foreign Office Despatch No. 258, 5 March 1951, to Washington, pp. 14-17. The United States agreed to the principles proposed by the United Kingdom. See FJ 1022/141, Washington Despatch No. 173, 14 March 1951, in ibid., pp. 17-21.

[188] FO 462/5, Provisional Draft of Japanese Peace Treaty (United Kingdom), Enclosure No. 13 to FJ 1022/222, Mr. Morrison to Sir O. Franks (Washington), 7 April 1951, p. 28.

和约草案领土条款，略。——译者注

主权问题"⑱。没有关于英国对这一声明反应的记录。⑲

在 1956 年至 1957 年这段时期，英国在四起事件中重新审视自己关于斯普拉特利群岛地位的立场。一是 1956 年 8 月中国外交部重申中国对南沙群岛的主权。⑲这次重申是为回应有报道称菲律宾"基于地理理由"⑲有意染指这些岛屿。二是婆罗洲的壳牌石油公司有意对斯普拉特利群岛的海床进行勘探，英国远东舰队总司令就皇家海军"丹皮尔"号（H. M. S. Dampier）测量船是否可以"升起英国国旗

⑱　Statement on the U. S− British Draft Peace Treaty with Japan and the San Francisco Conference, dated 15 August 1951 in FO 371/92350, 1951, pp. 00223-24.

⑲　It is mentioned in a 2 June1956 Minutes issued by the Far Eastern Department that in 1949 the Research Department produced Paper No. F 18458/1082/61, 30 December 1949. It is possible that this material guided the United Kingdom in formulating its position on the disposition of Spratly Islands under the peace treaty. This document is not available in the collection of the University of Hong Kong.

⑲　FC 1082/6, Telegram No. 304 from Peking to Foreign Office, 30 May 1956, in FO 371/120937, p. 00023.

⑲　同上。

并正式占领这些岛屿"征求意见。[193]三是南越重申对这些岛屿的主权。[194]四是一位普通公民自称以菲律宾政府的名义对斯普拉特利群岛的部分岛屿提出权利主张。[195]

最初，英国外交部远东司说，中国的权利主张可以同菲律宾1950年的权利主张相提并论而英国和法国的权利主张享有优先权。[196]然而，外交部获悉，《人民日报》发表两篇文章，引用前述海道测量报告，尤其是芬德勒关于海南渔民在铁沙礁[197]活动的详细观察。[198]外交部由此想到征求海军的意见。因为"上述出版物的证据似乎为中国以先占理据主张主

---

[193] FC 1082/4，8 June 1956 and FC 1082/8，5 June 1956，in FO 371/120937.

[194] FC 1082/4，同上。

[195] FC 1082/10，同上。

[196] FC 1082/5，Far Eastern Department，Minutes，2 June 1956，in FO 371/120937，p. 00012-13，00027.

[197] 英文"Tizard Bank"，系指中国南沙群岛的郑和群礁。——译者注

[198] FC 1082/28，Chancery，Peking to Admiralty，3 July 1956，in FO 371/120937，p. 00141-149.

权提供了很好的基础"[199]。海军将有关征询意见转给一些国际法专家研究,[200]但是似乎没有可查阅的记录表明有关专家是否提交了研究报告。在 1957 年 2 月 14 日的函中,海军自以为确认中国所援引的海道测量报告内容就算是回复了外交部的征询意见,完全忽略这些报告是否构成中国先占证据的问题。[201]外交部在确认收到海军复函的信中写道:

"感谢您 2 月 14 日有关南中国海岛屿的 M/NID. 216/6042/56 号函,您一定对布满尘土的档案进行了广泛的研究。了解海军在不同时期对岛屿的态度以及为何现在对它们兴趣不大或几乎没有兴趣,对我们非常有帮助……。"[202]

[199] 同上, pp. 00150-54.

[200] FC 1082/39, Admiralty to Foreign Office, 29 August 1956, in FO 371/120937, p. 00191.

[201] FC 1081/1, Admiralty to Foreign Office, 14 February 1957, Reference No. M/NID. 216/6042/56, in FO 371/127311(1957).

[202] C1081/1, Foreign Office to Admiralty, 4 March 1957, in FO 371/127311.

很难说外交部是否在讽刺，因为海军的回复并未附有广泛的研究材料。可以推测，外交部与海军部之间的奇怪交流解释了英国海道测量局为什么在之后出版的报告中删除霍斯堡和芬德勒的详细观测结果，答案可能存在于海道测量局档案中。

从迄今获取的档案资料看，故事的最后阶段是英国外交部法律顾问和历史研究局就斯普拉特利群岛问题展开深入调查并于 1975 年 1 月完成一份报告。这一文件分为三个部分：1972 年 1 月 27 日 RR 7/2 号备忘录修订版、法律顾问会议纪要以及 1972 年的 RR 7/2 号备忘录。[203]后者由数字编号的段落构成，经常被法律顾问会议纪要所引用。因此，必须将法律顾问会议纪要与 RR 7/2 号备忘录结合起来阅读，而 1975 年修订版看起来是对这次调查的总结。这份约 24 页的文本可供各种解读。毫无疑问，法律顾问必须依靠研究司提供的历史调查，而研究司自己也承认，这个调查是不全面的。该文件提出

---

[203]　FCO 51/411；see folder，British Legal Position on the Chinese Claim to the Spratly Islands，for this and all further documents cited.

的一些问题简述如下：

首先，法律顾问会议纪要轻度批评了法律事务官员 1932 年 7 月 29 日的意见。这是在常设国际法院就"东格陵兰岛法律地位"一案做出裁决之前不久撰写的。法院在处理"人口稀少或无人定居的区域"问题时引入权利主张相对性要素。[204]这对于法律顾问会议纪要的法律论证风格至关重要，涉及将不同国家理据的相对有力度放在一起对比。英国基于 1889 年授予中婆罗洲公司（Central Borneo Company）许可的权利主张可能具有优越性，但在很大程度上取决于是否存在可替代的权利主张，"或是以中国名义的持续占有……"会议纪要援引法院的关键措辞："……在很多案件中，法庭在主权权利实际行使方式上要求不高，有一点就能满意，条件是其他国家无法提出更优越的权利主张，对于人烟稀少或无人定居的区域主张主权的情况尤是如此……"[205]

---

[204] 同上，Legal Advisers' reexamination of claims to sovereignty etc. It is signed by Eileen Denza, but titled so as to suggest that it had been circulated among the legal advisers generally.

[205] 同上，under the rubric of the United Kingdom.

法律顾问会议纪要的行文结构似乎是着重推翻南越各个阶段的权利主张，表明除中国外，唯一关键的权利主张是法国的。这种法律论证策略似乎是把法国放在阻挡南越主张的位子上，这种情况直到1974年会议纪要写成为止。北越可被视为已于1958年承认中国的权利主张。菲律宾的权利主张也遭到类似的阻挡，因为它依赖的事实是日本于1939年成功获得所有权，然后在旧金山和会上被迫放弃却未指明给谁。法律顾问会议纪要最后对外交部此前未能考虑到中国权利主张的价值表示遗憾，并推测这一疏忽的原因。斯普拉特利群岛从来都不是无主地，在1971—1974年之前，法国一直是最能与中国抗衡的权利主张国，并且相对而言，英国正式、最终放弃权利主张给了中国权利主张以强有力的地位。中国的权利主张至少可追溯到19世纪，并且一向反对法国的权利主张。

在审查英国权利主张的过程中，R. D. RR 7/2号文件称，有关1951年对日和会部分的外交部简报说："英国政府对斯普拉特利群岛有权利主张且从未正式放弃；但他们不准备反对法国的权利主张，有关主张在法律上被认为是良好的。"⑳在1955年被问及时，英方并没有向美国人承认这一点，但在1956年面对派遣皇家海军"丹皮尔"号测量船前往斯普拉特利群岛协助婆罗洲壳牌公司的请求时，经商法律顾问，英国决定"丹皮尔"号测量船不应升国旗，甚至不得正式访问斯普拉特利岛。㉗

但是，当南越人1971年提出权利主张时，英国人重申自己的权利主张，英国自19世纪后期起开展活动，自此英国从未承认过其他国家的权利主张。㉘尽管如此法律顾问会议的主旨却是，事实并非如此：

---

⑳ 同上，RR 7/2, para. 45.

㉗ 同上，para. 46.

㉘ 同上，para. 47. See further two brief legal minutes by Henry Galton Darwin（1929-1992）and Arthur Desmond Watts（1931-2007），that Britain should not recognize the Vietnamese claim and say instead, that the United Kingdom neither abandons its own claims nor recognizes the Vietnamese：FCO 15/1440, FAP 4/2 Darwin to Margetson 19 October 1971；同上，FAP 4/2, Watts to Gordon, 1 September 1971.

"在内部不管怎么说，我们已明确承认法国的权利主张，并且我们在 20 世纪 30 年代认为我们的权利主张'成功前景渺茫'之时就默认我们已失去它。还有，在 1939 年日本兼并斯普拉特利群岛时我们似乎曾告诉过议会，这些群岛是属于法国的。"[209]

这为考察法国放弃权利主张并未转让给谁开辟了道路。首先需要指出，越南关于 19 世纪的权利主张的弱点是，声称先占并未续以"有效的行政管理、开发或其他任何主权行为"。而：

"所依赖展示有效占领的行为是后来法国实施的。很明显，法国在 20 世纪 30 年代的占领行动并非以越南的名义实施的，以下事实突出了这点，即使法国已将对帕拉塞尔群岛的权利主张转让给越南，在斯普拉特利群岛上它没有这么做。因此，我认为它(越南)的权利主张对抗法国的权利主张是站不住脚的。"[210]

---

[209]　Note 74 above. In fact, Butler left the question of legal title open.
[210]　Note 75 above, rubric Vietnam.

这一意见在 R. D. RR 7/2 号文件中用了更长的文字阐述。法国于 1956 年 6 月告知菲律宾外交部"法国以 1932—1933 年的先占权利对斯普拉特利群岛提出权利主张"。英国和法国于 1971 年 11 月在法国外交部再次讨论这一议题时，法国外交部副司长称："法国不会因为这可能给其他权利主张国带来麻烦而放弃自己的权利主张"。[211] 尽管如此，法律顾问会议纪要的基础是：

> "帕拉塞尔群岛发生武装冲突之际，[212] 英国政府曾就法国权利主张的状况非正式询问法国。法国私下表示，他们认为自己对斯普拉特利群岛的权利主张已经失效。"[213]

现在把关注点转向菲律宾。除了割让(斯普拉特利群岛曾为西班牙帝国的一部分)和邻近原则(这些岛屿距离菲律宾最近)的论点外，主要论点是在

---

[211] R. D. RR 7/2.

[212] i. e. January 1974.

[213] Update memorandum, 21 January 1975, para. 9.

日本战败后，这些岛屿变成了无主地，可以成为先占的对象，这就是菲律宾已尝试做的，之前日本也是这样做的。这一观点的基础是日本曾获得主权，而这是不被接受的。菲律宾"只有一个可疑的权利主张"：

> "菲律宾政府与日本政府在 1939 年的处境相似——他们有一项权利主张，可以假以时日，通过占领，并且在没有其他权利主张方主抗议或挑战的情况下，转变成为有效的权利依据。然而，它还没有做到这点，而且看起来它非常不像能做到这点。"[214]

通过一道工序，其他权利主张国逐一被排除，中国(中华人民共和国)的权利主张最终获得青睐。以此为基础，法律顾问会议纪要带有讽刺意味地做出结论说："剩下中国轻而易举地占据赢家宝座。"根据美国掌握的资料，中国的权利主张可以追溯到 15 世纪，不仅有地图佐证，而且这些岛屿自远古以

---

[214] Legal Minute, rubric the Philippines.

来年复一年都有中国渔民造访：

> 他们在岛上居住生活，到周边的水域捕鱼。我们
> 殖民事务部的清单确认这一权利主张，这些岛屿（自
> 1891 年以来）一直有中国帆船造访，收集海龟。[215]

1932 年，外交部法律顾问曾提及 1879 年一起发生在安波纳沙洲的事件。两名获准提取鸟粪的英国臣民在带走两船鸟粪时遭到自己雇用的中国苦力袭击，他们开枪打死其中两人。驻婆罗洲英国总领事或纳闽长官蒂彻(Teacher)在纳闽审理此案并判定其余几人在这次袭击中有罪。1888—1889 年殖民事务部文件纪要曾质疑，对于发生在安波纳沙洲的犯罪，蒂彻先生哪里来的司法管辖权，因为 1877—1879 年的文件表明，这些岛屿远在纳闽殖民地的界线范围之外。[216]有关岛屿从未归属于殖民地的一般观

[215] Legal Minute rubric France and China.

[216] CO 273/580/6，W 8753/178/17/1932 Foreign Office to Law
Officers of the Crown, para. 8.

点可能是冰山一角，殖民地官员心目中怎么看有关岛屿的所有权值得做更深入的探索。

无论如何，法律顾问会议纪要提及，没有证据。"我们在19世纪70年代没有考虑过斯普拉特利群岛属于中国的可能性，或者中国会对我们的活动提出抗议。这可能是基于一个事实，即我们在那个时代并没有把中国视为民族之林中一个完全的成员。"[217]不管怎样，到了20世纪30年代中国应该已经拥有主权，或者是因为他们1877年之前早就拥有，或者是随着英国的权利主张自然失效，中国主权重新复活。他们利用"所有合适机会"，抗议法国1933年的权利主张，抗议日本1939年的所作所为，抗议1951年旧金山和会以及最近菲律宾的所作所为：

"这意味着法国在20世纪30年代没有通过先占取得领土权，并且毫无疑问，法国也没有对有关岛屿行使主权权利达到足够长的时间以确立一项时效

---

[217] Note 83 above.

取得的权利主张。在 1945 年日本放弃对这些岛屿的控制后，中国派军舰前往太平岛，竖立标示中国主权的石碑，建立气象站和无线通讯站。"⑱

尽管 1950 年后中国人在有关岛屿上的活动很少，但法国人并没有重新开展活动，中国人因此获得主导权。自 20 世纪 30 年代以来，法国人未再公开宣布自己的权利主张，这使中国"轻而易举地占据赢家宝座"⑲。

法律顾问会议纪要总结道，没有理由反对中国的任何权利主张或中国采取的任何行动，说到底这些行动均为行使对斯普拉特利群岛的主权。1974 年 6 月，外交大臣建议内阁将英国的权利主张视为过时失效。其中的政治考虑是，反对中国占领这些岛屿对英国没有好处。中国的权利主张是最有力的。尽管如此，外交大臣还是在会议纪要上附加一个手书备注，表示此时没有必要将此告知中国。不管怎

---

⑱　同上。
⑲　同上。

样，他确实向内阁国防与海外政策委员会提交了一份备忘录，其中包含分为法律和政治考量的评述如下：

"1. 鉴于中国在今年早些时候积极重申其对斯普拉特利群岛和帕拉塞尔群岛的主权之主张，我们需要就英国可能提出权利主张之事做出决定……

法律考量

2. 现有证据表明，英国在 19 世纪后期取得对斯普拉特利岛和安波纳沙洲的主权。但是，在 20 世纪初期，英国的权利主张减弱，因为英国没有做出努力来实际管理或开发这些岛屿的资源。

……

5. 1974 年，我们在回复南越声称对斯普拉特利群岛拥有主权的照会中保留了我们的立场，但这一措辞并不意味我们认为自己仍然拥有对斯普拉特利岛和安波纳沙洲的主权。

6. 对有关岛屿拥有强有力法律依据的权利主张来自中国和法国。我们私下被告知，法国现在认为他们的权利主张已过时失效……

政治考量

7C. 中国很可能会继续推进对斯普拉特利群岛的权利主张（尤其是他们惦记着与海洋法相关的事项——领海、大陆架、海底资源），并有可能下一步在未来某个时间'占领'有关岛屿。我们没有强制实施权利主张的手段，更无意对抗中国的占领。"[20]

---

[20] CABOPD（74）20，17 June 1974.

1974—1979 年法国档案和菲律宾对斯普拉特利群岛的"瓜分"㉑

在远东司 1978 年 5 月 29 日一份关于中国海洋边界的报告中，法国外交部说，中国对在南海中一些小岛提出权利主张。这些岛屿空间有限且大部分时间无人定居。中国的权利主张是以历史为依据而非以大陆架的名义。中国的权利主张囊括麦克斯菲尔德浅滩（Macclesfield Bank）㉒、斯普拉特利群岛以及普拉塔斯群岛和帕拉塞尔群岛，这些岛屿的位置及其分布允许中国对整个南海提出名义上的权利主张，因此使之变成严格意义上的中国的海。（报告第 5 页）

在法国驻香港总领事于 1975 年 2 月 24 日提交外交部、标题为"南中国海诸群岛"的报告中，杰弗里－德肖姆（F. Geoffrey-Dechaume）表示，中国在对

㉑　Direction Asie Oceanie Vol.752, INVA E.23 1 A China E.10.23.1)

㉒　英文 Macclesfield Bank 系指中国南海诸岛的中沙群岛。——译者注

南中国海诸群岛的主权问题上，一向审慎地把重点放在历史性权利上，用中国代表团团长柴树藩1974年7月在加拉加斯海洋法会议上的说法，"它们一直是中国领土不可分割的一部分"。(第2页)

1974年9月5日，法国外交部亚洲司首次收到关于"自由地公国"(Principality of Fredomland)的文件，其中首先提到法律司1971年7月26日的一条信息，即法国自1949年至1959年一直保持对斯普拉特利群岛的权利主张。如果我们希望继续这样做，说我们是与中国和越南并列的许多权利主张方之一没有意义。从逻辑上讲，我们必须说这是唯一有效的所有权。我们也许不想现在就决定是否希望作此断言，以维护我们的权利主张，对抗他国权利主张。但这不妨碍我们指出"在任何情况下都没有岛屿处于一个所谓自由地国家的主权之下，因为这样的国家并不存在。"法律司还于1974年3月30日提出，实际上菲律宾是对斯普拉特利群岛的一部分提出权利主张，他们把这一部分与斯普拉特利群岛的其他部分分离出来并称之为"卡拉延岛群"。实际上"卡拉延岛群"就是所谓的"自由地"，但菲律宾坚持认为它不同于斯普拉特利群岛。

下一份内容详细的文件要回溯到 1974 年 3 月。菲律宾立场的独特性是把斯普拉特利群岛和"卡拉延岛群"区分开来。根据法律司的说法，没有其他南海周边国家做此区分。马尼拉称，他们的"卡拉延岛群"完全有别于斯普拉特利群岛，位于其东北200 英里处。他们用了许多论据，包括岛屿与菲律宾的邻近关系、它们对菲律宾安全的重要性、一位菲律宾公民发现岛屿以及对 5 个岛屿(拉瓦克岛、帕加萨岛、科塔岛、利卡斯岛和帕洛拉岛)㉓的有效占领。

法国外交部对这些论据的评论如下：在学术上对于无主地的领土取得规则没有一致意见。但是，仅仅发现本身是不够的，但通知其他国家也没有必要。占有行为获得适当的公开性就足够了。对于其他，学者们对于不同领土取得方式的价值意见并不一致。菲律宾仅仅把有效占领的事实作为论据，然

㉓ 英文"Lawak，Pagasa，Kota，Likas，Parola"是菲律宾对中国南沙群岛部分岛礁的非法命名，它们分别指的是中国南沙群岛的马欢岛、中业岛、南钥岛、西月岛和北子岛。——译者注

而学术界对于如何评估"有效性"的问题并没有明确的答案。有必要考虑无论中国还是越南都不承认斯普拉特利群岛和"卡拉延岛群"之间存在区别，两国的权利主张都涵盖了这5个岛屿。越南也曾派出一支探险队去了普加德岛（Pugad），对此菲律宾可能也有权利主张，因此提出抗议，但人们对此不能确定，因为不同的国家给不同的岛屿起了不同的名字。菲律宾的立场是以《对日和约》为基础的，日本在和约中放弃对斯普拉特利群岛的所有权。菲律宾人得出的结论是，两个群岛不属于任何一个国家，而是应交由同盟国处理。于是菲律宾就利用自己是同盟国之一并且这5个岛屿邻近菲律宾的理由获取好处。

一份亚洲-中国司政治处1974年3月25日的材料进一步说，无论越南还是中国，都不愿对"卡拉延岛群"和斯普拉特利群岛做出区分，即便后者地理上分布较为分散。他们不接受任何瓜分。同样，法国政府从未赞成过菲律宾的说法。法国在1956年对菲律宾明确指出，法国对斯普拉特利群岛拥有主权。斯普拉特利群岛与西沙群岛不同，法国从未接受过它们是越南的一部分。法国对台北方面也表达了同样的观点。法国 1933 年 7 月 25 日的占领宣告和法国舰艇 1930 年至 1956 年的访问涵盖斯普拉特利群岛的所有岛屿。

最后一份值得关注的文件是 1974 年 1 月 18 日法国驻华大使埃蒂安·马纳克(Étienne Manac'h)致外交部部长米歇尔·乔伯特(Michel Jobert)的函,标题为"关于南中国海的斯普拉特利群岛和其他群岛的领土争议"。这涉及法国自始至终对整个南海危机的责任。

他继续写道:

"(他写的备忘录第 8 页)在这件事上,由于帝国政权和国民党的衰落,中国当局暂时无暇捍卫他们对南沙群岛和西沙群岛㉔的权利。中国政府倾向于提请注意当时中国所处的不利境况,以此解释为何中国没有能力反对他国对其领土主权的侵犯。如果

㉔ 原文为 Nansha and Hsisha archipelagos,在此,法国大使使用中国对南沙群岛和西沙群岛的拼音指称两个群岛,以下同。——译者注

北京方面选择从根本上审视这个问题，那么就不能排除会怪罪于法国，因为在它看来是法国对当前局势负有部分责任。这来自于这样的事实：法国在安南建立保护国之后，夺取了南沙群岛和西沙群岛。中国人写的材料并没有忽略这点。日本在第二次世界大战期间占领了这些岛屿，日本投降之后，中国人认为自己的国家'已收复'全部自己的领土。关于南沙群岛，中国人说，1946年法国帝国主义决定派兵占领这些岛屿未果。旧金山对日和约没有说明要把西沙群岛移交给哪个国家，中国指责美国人和英国人与法国共谋企图占领这些岛屿。

（第9页）至于南沙群岛，中国人指责美国人在1953年与法国合谋，'徒劳地企图占领我们的南沙群岛'，并推动菲律宾在群岛中其他岛屿上展现自己的存在。

本大使缺乏必要的资料来确定法国是否已将南沙群岛和西沙群岛移交给南越，（如果确实发生了），是在什么条件下发生的。这一割让，设想应在1956年实施的，显然构成一项附加指责，要算在我们的账上。

中国人没有公开提起法国在南沙和西沙事务中所扮演的角色。鉴于法中两国关系的状况，中国会可能继续克制不提，但是不能排除这样的可能性，即出于维护主权需要，北京方面可能翻旧账把我们卷进去。"

上述所有文件均来自法国国家档案的同一案卷，该卷于 2015 年 9 月解密，引述文件按卷中顺序排列，整卷没有按页码顺序编号。

大使还就 1953 年至 1956 年法国人和美国人煽动越南人之说指出，记录显示法国人自 1956 年以来并未就越南的权利主张直接提出抗议，不过，对此以及 1956 年法国公开否定菲律宾和中国台湾的权利主张，法国外交部内部有一些沉默的不同意见。

结论： 对比中国的历史权利主张看西方关于领土取得的国际法本质

如前所述，施密特在《陆地与海洋》以及《大地法》中讨论了法国关于西沙群岛和南沙群岛的外交信函提及国际法对于领土正式兼并的要求问题。施密特评论称，正式通告是殖民体系的一部分，其假定是非欧洲的土著居民没有权利、通告是欧洲国家之间的事情、是欧洲国家对本土之外的土地提出权利主张。欧洲国家四处攫取与其国民毫无关系的土地，这种做法改变了西方国际法整个结构的性质。这个评论非常重要，诸如中国人这样的"土著居民"，累世久居这片土地，是没有必要通告自己或任何他人的。㉕因此，中国的实践更接近于英国和美国，而不是法国。国民的经济利用本身就足以拥有

㉕ See above note 5.

主权，而无须通告其他国家。

尽管如此，两者不尽相同。中国人从事捕鱼和鸟粪收集等私人活动并不一定要得到中国国家的"授权"。诚然，尼科·施里弗和维德·普里斯兰在有心查阅近期所有涉及领土问题的国际法判例后指出，司法实践强调，只有经过国家授权的活动才能被视为主权行为。[226]美国、法国和英国授权的经济活动可被视为主权之授权，即便随后并没有伴随领土正式兼并行为。因此，捕鱼活动如果没有随后纳入政府规范，则不具有重要性。如谈论的仅仅是捕鱼活动[227]或者人们在一个岛上定居[228]，这些都被看作私人行为，在国际法上没有意义。

这就是为什么，要给予中国历史性权利主张以

---

[226] N. Schrijver and V. Prislan, "Cases Concerning Sovereignty over Islands before the International Court of Justice and the Dokdo/Takeshima Issue", *Ocean Development and International Law*, XLVI (2015), pp. 281-314.

[227] 同上，293 Malaysia/Indonesia Case.

[228] 同上，284 Botswana/Namibia Case.

应有的位置，就必须对国际法的基础进行更彻底的反思。最近胡赫男(Hu Henan)博士关于先占领土取得的法律理论和实践之批判㉙就努力进行这样的反思。她的论点补充了卡尔·施密特的观点。她指出，中西比较没有任何不可通约性。欧洲的国家领土观念形成于生活在自然古老家园里的民族和社群向现代民族国家转变的过程中，这些曾经的家园形成了新的民族国家疆界，中国在19世纪由封建君主制国家转变为现代民族国家就是最佳例证。南海诸岛显然是中国南部家园的一部分，特别是海南岛岛群，后来成为现代中国民族国家领土的一部分。自然而然地，并且部分是迫于欧洲帝国主义的压力，中国开始干预岛上中国人的活动，不过这种干预既不存在煽动，也没有刻意以国家政策的形式进行授

㉙ 胡赫男，"占领学说：在法律实证主义框架下的无效性分析"，《中国国际法论刊》，2016 年第 15 期，第 75-138 页。(Hu Henan, 'The Doctrine of Ocupation：An Analysis of its Invalidity under the Framework of Legal Positivism' (2016) 15 *Chinese Journal of International Law*, 75-138)

权。虽然国家行政活动越来越多，但这不是组织构架上的"最初原因"。而历史根源在于，这里是中国人最初家园的一部分。

国际司法实践对公权力存在和主权国家行为的注重，扭曲了初民社会的自然历史和政治。就此卡尔·施密特会说，人们没有必要宣告自己对生活在自己家园里拥有权利主张。正如胡赫男所指出的，欧洲国际法的一项发展，准确地说与1884年柏林会议有关，在会上欧洲列强决定，在它们之间的关系中，涉及兼并先是非洲土地再是亚洲土地，兼并行为必须予以公告，并继之以有效占领。除非一国完成上述步骤，否则一片土地仍将被设定为没有主人的无主地。这种思维方式在法国兼并帕拉塞尔群岛，特别是兼并斯普拉特利群岛关键环节上表现明显。而中国人对于家园被巧取豪夺的强烈反应却被看作是荒谬的。

卡尔·施密特在《陆地与海洋》和《大地法》中把这些19世纪末的发展看作是西方国际法的严重崩

塌，导致 20 世纪欧洲冲突与内战相似并具有破坏性，把日本催生为一个全面西化的国家。[230]西方国家首先在欧洲和美洲完成从民族家园到拥有国家领土的国家这一转变，"家园"含义的国家管辖权内在地与国家与民族的历史和文化的精神特质息息相关。然后，西方国家着手将非洲和亚洲的广袤地区纳入自己的国家领土并使之成为组成部分，为此制定领土取得规则，旨在调整西方国家之间彼此的关系，而非与所占领的陌生家园的关系。施密特在德文版的《大地法》中总结道：

> "他们把欧洲对于领土主权概念的理解扩展到非洲，因此非洲殖民地领土必须被视为欧洲国家的组成部分……其他国家受制于欧洲国家所制定的条款，而这些条款是欧洲国家视为必不可少确保领土主权合法性的条件……新的全球国际法成为无本之木，

---

[230] See Anthony Carty, "Carl Schmitt's Critique of Liberal International Order between 1933 and 1945", *Leiden Journal of International Law*, XIV (2001), pp.25G76, especially 2.5 Imperialism and the Loss of Nomos, pp.56G59.

即不是地域拘束体系，而是事实关系的武断堆砌。没有考虑还有 50 多个国家……国情完全不同，没有共同的价值观……这个体系的根本缺陷在于，国家已不再有能力通过传统的中立学说遏制政治暴力的可能性。这具有毁灭性，造成欧洲国家之间内战不止，彼此消耗。"[231]

全部国际司法实践，在施里弗和普里斯兰的描述中，已被帝国主义的历史所腐蚀。因此，国际法院才会荒谬地决定，印度尼西亚渔民的捕鱼活动若未经印尼政府规范，仅仅是私人行为，在国际法上没有意义。同样不可理喻的是国际法院在 1999 年认为，与 1890 年德国和英国划定殖民地势力范围的条约相比，马苏比亚部落长期、未遇反对地在卡西基利–塞杜杜岛上定居，在国际法上是无关紧要的。

英国外交部于 1974 年采纳的法律意见可谓切中要害：把中国人的活动与他们的家园联系起来。法

---

[231]　同上，p. 58.

律意见没有抹杀中国国家对于外来干预特别是法国干预进行抗议的重要意义，也没有把西方概念的合法占领作为原始权利的基础。它把中国的活动视为行使历史性权利，中国国家通过抗议予以背书并着手保护既得权利。正如外交部 1956 年看到的，事实上中国渔民占据这些岛屿，积极从事经济活动。1974 年法律意见对此有更充分的说明，海道测量报告也是如此，其中英国和美国的官方记录均指出，自 19 世纪初有记录起，此类活动一直存在。

国际法律秩序的核心缺陷是法律自由主义学说，以自愿同意为基础，而自愿同意在实践中往往是被强迫的。加之先占规则的核心概念是有效性原则，而它则取决于一个法官（甚至会指定一名法官来尽可能地实现第三方的法律解决）的主观评估，因此可做出结论如下：现有有关领土取得的西方国际法体系总体上并不是维护国际领土秩序值得信赖、具有活力的模式。

最后，就美国奉行的法律政策而言，大量海道测量的证据和战时部门间委员会关于战后领土安排的证据显示，灾难性结果应归咎于美国这个至今仍负有维护世界和平与秩序责任的大国，美国选择了置本国海道测量记录和国际法专家委员会的建议于不顾，仅仅因为它认为在战后已经成为霸主的情况下，对全球领土秩序这样重要的问题公开表明立场没有好处。甚至美国国务院自己的官方高级法律顾问阿德里安·费希尔（Adrian Fisher）都认为，美国在和平条约上留下这样大的漏洞，在于将苏联和中华人民共和国排斥在外，而这样做是非法的。这在东亚领土秩序中留下巨大并且持续存在的漏洞。始作俑者是约翰·福斯特·杜勒斯，他认为，当务之急是把日本纳入东亚军事区域，矛头所指是当时的苏联以及被认为是其小伙伴的共产党中国。在1945年后美国海道测量报告中留下的修改痕迹，是为了适应美国新的政策。㉒㉒

国际法的另一缺陷是它假定，内部协调、品质单一的国家会理性、始终如一地采取行动，做出明

㉒㉒　This is particularly the view of Melissa Loja.

确的决定，其法律意义是可以评估的。然而，法国的情况并非如此，这一点再清楚不过了。法国的犹豫不决是决定性的，同期对帕拉塞尔群岛的处理也一样，严肃地说，南海的全部问题归咎于法国20世纪30年代初的干预，它闯入直至那时未受打扰的中国人家园。诚然，记录显示，法国人在谁对制定目标负责，这些目标实际上是什么以及如何应对中国人的强烈反应问题上感到困惑。尽管法国和英国的记录表明，两国均认为越南和菲律宾的权利主张，特别是对斯普拉特利群岛的权利主张并无实质性内容，但事实情况是，如果没有法国最初乱了套的干预，南海就不会留有真空，越南和菲律宾也不会争相填补。这一事实为法国驻华大使埃蒂安·马纳克所确认，他在1974年上呈给法国处长米歇尔·乔伯特(1921—2002)的长篇报告中简单明白地指出了这点。他说，历史事实非常清楚，他不理解为什么中国人不怪罪法国，他觉得中国人可能在等待时机。

1900—1975 年涉及西沙群岛所有权的英国和法国档案[①]

巴拉克·奥巴马(Barack Obama)曾表示，华盛顿支持越南在南海对抗北京的领土要求，并承诺为此提供更多安全装备。他说："越南将获得更多改善自身安全所需的装备。""各国都是主权国家，国家无论大小，其领土都应得到尊重。"

《卫报》，2016 年 5 月 24 日

---

① 本文目的不是梳理卷帙浩繁的二次文献，而是通过对英国和法国档案记录的公正、全面叙述，特别是两国外交部所阐述的国际法意见，充实相关文献。举两个例子。第一，本文无意与莫妮克·希米利埃-根德罗(Monique Chemilliere-Gendreau)的著作《帕拉塞尔群岛和斯普拉特利群岛的主权》(2000 年版，1996 年首次以法语出版)进行细节上论战。根德罗之书是以越南历史记录作为依据为越南的辩护文。此书在考虑法国法律咨询意见方面，仅限于 1947 年法国外交部的法律意见，没有做得更多。至于越南历史记录，本文作者没有能力考察。第二，作者也没有提到斯坦因·滕尼森(Stein Tønnesson)写的《欧洲衰落时代的南中国海》[《现代亚洲研究》XL(2006)第 1-57 页]。如题所示，此文是历史学家对英法在该地区衰败的描述。作者确实仔细考察了本文引用的 1945 年以后法国档案中的一些法律咨询意见，也指出为什么这些法国法律咨询意见被认为是支持中国反对越南的。

本篇关于帕拉塞尔群岛的文章提供了在法国和英国外交部档案中承认中国对帕拉塞尔群岛主权的大量编年文件，并且重点关注两国外交部内部按照西方国际法出具的国际法咨询意见。这份材料对中国意义重大，即使它并不等同于英国和法国公开承认中国对帕拉塞尔群岛的权利主张。鉴于奥巴马总统于 2016 年访问越南并决定完全解除美国对越南的武器禁运，法国和英国对 1909 年事件法律意义的认定在当前就显得十分重要。可以看出，自 1900 年以来，法国和英国都多次承认中国对帕拉塞尔群岛拥有主权。至于帕拉塞尔群岛根据当代国际法（目前）是否可能拥有完全的专属经济区和大陆架这一问题，当时的法律专家从未思考过。鉴于帕拉塞尔群岛的整个议题同斯普拉特利群岛问题一样敏感，因而本文的风格是多多益善地提供在文献中找到的全部法律讨论，甚至不惜重复，目的是让读者判断本文的解读和分析是否得到档案材料的支撑。

20 世纪 20 年代的法国档案

故事从法国档案说起最容易了。在法国档案馆里，对于法国以越南的名义对帕拉塞尔群岛提出权利主张之前的时期，有一卷专门的档案，名称为：日本－中国 E 系列 S13 盒第 312 卷（Japan-China Series E Cartons 13 Volume number 312），日期为 1920 年 9 月 30 日至 1929 年 9 月 19 日，以下简称为"第 312 卷"，所有引文均为此卷页码，例如 16 和 17 为两个相连的页。这里没有漫无边际或专门的国际法意见，但是有对 1909 年中国提出法律上的权利主张及其意义的广泛讨论，还有法国对中国权利主张的默认。

法国档案记录，1909 年日本侵入普拉塔斯群岛（Pratas Islands）②，激起中国人提出对帕拉塞尔群岛

---

② 原文 Pratas Islands，系指中国南海诸岛的东沙群岛。——译者注

的所有权主张。③法国档案记录起始于 1921 年 1 月 14 日。法国档案文件说，中国的广东水师提督李准巡视帕拉塞尔群岛，中国人在岛上修建一座亭子，更改群岛名称，"宣示主权"。④

法国驻广州领事伯威（Beauvais）表示，鉴于这些岛屿的位置是在西贡和香港之间，它们对法国有一定的重要性。此外，它们对航行构成危险，最好在有关岛屿上建一座灯塔。"……然而，如果我们插手，可能会在中国人那里激发新的沙文主义运动，这对我们的损害比占领这些岛屿对我们的益处要大……"法国外交部主管司，即在部长会议主席（当时总理）兼外交部部长阿里斯蒂德·白里安（Aristide Briand）直接领导下的亚洲大洋洲司对此评论说，赞同伯威的意见，"**nous avons laissé faire les**

---

③ 1909 年，日本派出军舰一艘，先后侵入中国东沙群岛和西沙群岛，此为事情缘由。——译者注

④ Vol. 312, pp. 16-17, 23, a report of April 1922 with respect to a report of 14 January 1921. 又：中国史料关于李准巡视西沙群岛的记载：1909 年 5 月，两广总督张人骏，派广东水师提督李准率水师官兵 170 多人，分乘伏波、琛航、广金三艘军舰到西沙群众岛巡视，勘察测绘地图，查勘岛屿 15 座，逐一命名，勒石竖旗。——译者注

Chinois"，即"我们让中国人干他们的事情"。⑤报告提到，1898 年曾讨论过在帕拉塞尔群岛建立一个渔民供应站，但法国驻北京公使表示这个项目没有成功希望。之后又有人讨论在帕拉塞尔群岛建造一座灯塔，防止其他列强占领这些岛屿，不过后来决定在其他地方建造灯塔。⑥

1921 年 2 月，日本驻河内领事向印度支那政府询问，后者是否对帕拉塞尔群岛主张财产权，得到的回答是否定的。这一询问在外交部引起一系列问题，由此对 1909 年事件进行进一步调查，并重复先前的结论：法国政府认为，占领帕拉塞尔群岛——任何情况下都难以维持——势必引起中国政府和民众的强烈敌意，损害在中国的利益。殖民地事务部部长将这一意见传呈阿里斯蒂德·白里安。⑦这被印度支那政府 1921 年 5 月 6 日的函所确认。⑧

---

⑤ 同上，pp. 17 and 36.
⑥ 同上。
⑦ 同上，pp. 23.
⑧ 同上，pp. 36-39.

阿里斯蒂德·白里安
（法国政治家和外交家，时任法国外交部部长
以非线公文和倡议建立洽合众国而闻名于世。）

1921 年 8 月，殖民地事务部部长致函阿里斯蒂德·白里安，并随附印度支那总督 1921 年 5 月的一份长篇备忘录。其中包含对帕拉塞尔群岛情况的回顾。殖民地事务部部长提请注意总督的提议，即法国应正式承认帕拉塞尔群岛是中国的，以换取中国主权政府的正式承诺，永远不在群岛上建立军事或海军基地或任何类似设施。印支总督莫里斯·朗（Governor Long）当时正在考虑如何对中国南方军政府决定将帕拉塞尔群岛划归海南崖县做出回应。⑨总督对于这一既成事实不满，认为帕拉塞尔群岛不应划归中国，更应划归安南，同时他又说这些岛屿没有什么用处。综合考虑所有因素，总督重新赞同下述观点，即提出正式抗议，在中国激起政府和民众强烈的敌意，政治上不符合法国在中国的利益。最好是呼吁岛屿非军事化。此外，将这些岛屿置于海南岛的行政管辖之下意味着，根据 1898 年 4 月 10 日《北京条约》，这里有这些岛屿不能割让给其他列

---

　　⑨　1911 年广东省政府宣布把西沙群岛划归海南崖县管辖。1921 年南方军政府又重申这一政令。——译者注

强的保证。⑩

殖民地事务部部长最后恳请部长会议主席提出意见。白里安就此与法国驻中国临时代办莫格拉斯（Maugras）先生商讨。莫格拉斯于 1921 年 10 月答复白里安说，目前就此进行谈判，困难不堪承受。⑪白里安的问题是：将帕拉塞尔群岛划归海南是否会使 1898 年条约得以适用？法国承认中国主权能否换得岛屿非军事化的承诺？莫格拉斯的回答是，主要问题是没有一项提议能够得到执行。

第一个困难是不知道中国政府在哪儿。在北京有一个法律上的政府，但南方军政府认为它所做的承诺是无效的。南方军政府是一个事实上的政府，但它所做的承诺却不具有法律效力。在这种情况下，如何订立一份合约并使之不变成一纸空文是一个两难问题。两个政府都不会遵守协议，实际上南方军政府最近刚被推翻，而新政府不承认旧政府签的协议。用莫格拉斯先生的话来说，等了 12 年之后

---

⑩　Vol. 312. pp. 44-50.
⑪　同上，pp. 59-61.

对帕拉塞尔群岛提出权利主张，法国选择在中国没有政府能做出可信赖的签字这一时机，令人惋惜。

即使有一个有效的政府，它还得跟由学生、知识分子和其他人组成的国民党斗争。例如，他们在1921年9月1日一份宣言中说，与列强签订的不平等条约，如包含不租借或割让特定领土给第三方的规定等，应当予以废除，其中包括中国与法国1897年和1898年的条约，涉及海南岛以及云南、广东、广西省等。⑫莫格拉斯表示，如果他向中国外交部提出这样的条款，媒体会谴责法国正在侵略和掠夺。⑬

然而，莫格拉斯的结语说得更为直截了当，且此说影响深远。"……即使中国存在有效的政府，如法国为我们的利益，想把地役权强加于帕拉塞尔群岛，那么法国还不如多给中国一点钱，而不是把

---

⑫　原文如此。这里，莫格拉斯指的应是中法1897年3月15日"海南岛不割让照会"和1898年4月4日和10日"越南邻省不割让来往照会"，载王铁崖编，《中外旧约章汇编》，生活·读书·新知三联书店出版，1957年9月，第一册，第679页，第743-744页。——译者注

⑬　同⑩。

承认中国早在 1909 年宣布、从未有过争议的主权作为交换条件……"⑭莫格拉斯反问："如总督 5 月曾描述的，这些岛屿对航行有危险，岛上没有永久居民，刮东北季风时船只无法接近，只能提供暂时避风地而并非永久庇护，这样的岛屿值得我们冒激起中国敌意的风险吗?"⑮最后，莫格拉斯建议白里安重新考虑是否进行有关谈判。

---

⑭　同上，p. 60.（原档案有下划线）
⑮　同上，p. 61.

1931 年法国夺取帕拉塞尔群岛： 当时英国视角 和法国视角及 1945 年以后法国回头看

从英国和法国国家档案中似乎可以得出这样的基本认识，法国胆子变大了，于 1932 年 1 月以越南的名义对帕拉塞尔群岛提出权利主张，而这是它此前在 20 世纪 20 年代没有做的事。英国认为，法国是眼见中国虚弱乘人之危，特别是在"满洲危机"后。法国向英国保证将遵守有关国际法的建议，在就可能的政治后果征询法国驻北平领事意见后，他们还是选择提出权利主张。英国清楚地向法国表示，他们认为帕拉塞尔群岛是中国的，并且坚持已见。法国始终知道他们的法律立场并不确定，但还是对中国进行外交恫吓。

法国人提议，如果中国强烈维护自己的权利主张，法国就提议仲裁。中国确实强烈维护权利主张，法国也提出了仲裁。不过对此中国置之不理。法国记录表明，如果中国抗议足够强烈，法国会退回到 20 世纪 20 年代的立场，只是强调 1898 年条约关于海南岛不割让的规定同样适用于帕拉塞尔群岛。当时白里安再次成为法国的外交部长。

随后在 20 世纪 30 年代，国家实践显示，两国对于群岛所有权有一些没有结果的主张，直到 1938 年，在英国压力下，法国以应对日本威胁为由，对帕拉塞尔群岛采取重大占领行动。日本正式质疑法国的所有权，并说帕拉塞尔群岛是中国的。

下文将专门分析中国驻法公使顾维钧和法国外交部国际法顾问之间交流法律意见的详细情况，这包含中国对其法律立场最为详细的阐述，以及中国和法国及其国际法专家之间的激烈交锋。这些辩论尽管错综复杂、时有重复，但是意义重大。它们表明，南中国海法律冲突一个方面的问题就是，就可适用的领土法律标准而言，不存在国际共识，这就是为什么国际法律仲裁不适合用于解决争端的原因之一。

故事的下一个阶段是 1947 年法国对帕拉塞尔群岛局势的重新审视。此时法国相对中国，在政治上和军事上较 1932 年要虚弱。他们对 1932 年决定的看法持有批判眼光，质疑这一决定的完整性。他们感到尴尬的是前辈们没有必要地制造了与中国之间一根骨头的争议。法国希望中国人在他们与胡志明北越独立运动的斗争中保持中立。法国回过头来认为自己的法律立场不健全。他们求助于建议把帕拉塞尔群岛提交仲裁的策略，所期待的是输了仲裁也罢，自己能从此从群岛脱身，又不至于过多得罪越南舆论。但是，中国拒绝了仲裁提议。

南越1959年登上帕拉塞尔群岛，之前中华人民共和国也已占领这一群岛。英国档案在此接手把故事讲下去。从1959年到1974年，英国人拒绝承认南越对帕拉塞尔群岛的任何权利主张。有时他们看起来是中立的，但是，他们重申英国一贯的立场，即帕拉塞尔群岛是中国的。再说，法国和南越之间并没有任何正式的岛屿法律交接手续。还有，北越似乎已停止对这一群岛主张权利，因为他们也承认了中国拥有主权——不管出于什么动机。

1931—1932 年的英国档案

英国关于帕拉塞尔群岛的第一份重要文献是
1931 年 4 月 13 日英国驻西贡总领事发出的第 34 号
急件。[16]英国外交大臣指示，"要谨慎地告知法国，
英国政府希望，西贡某机构传言他们有意染指帕拉
塞尔群岛之事为谣言，并不真实。"[17]

英国海军被请求对西贡的急件做出回应。海军
在 1931 年 5 月 21 日至 6 月 10 日期间提供了几份备
忘录。通信之始是英国海军本部大臣（Lords
Commissioners of the Admiralty）向外交大臣发出警
告，称从秘密渠道获悉，"法国政府正在考虑宣布
这一（帕拉塞尔）群岛为保护地或予以兼并。"他们继
续强调中国当前的情况：

"这些岛屿被看作是中国所有，中国于 1909 年 6

---

⑯ FO 262/1790；F 2819/2669/10.

⑰ 同上，a handwritter note to 16 July 1931.

月6日兼并这些岛屿，中国水师提督李准在邓肯岛⑱上升旗鸣炮，他率领伏波号和琛航号炮艇巡视群岛。如果现在的中国政府近期倒台，法国就可以认为，这是对这些岛屿提出权利主张的合适时机。"⑲

因此，海军建议，再次尝试鼓励中国政府在帕拉塞尔群岛架设灯塔。这里系指1922年中国海关曾派舰艇巡视群岛，缘由为1922年日本报纸报道说，日本外务省意图兼并群岛。英国就此致电驻北京大使馆，建议"鼓励中国申张主权"，即在群岛修建灯塔。另据报道，中国海关"总监察长当时已同意派遣一艘总税务司的巡逻舰前往帕拉塞尔群岛巡视，巡逻舰舰长并获得指示，一定要让日本船只看到巡视"。⑳可惜，此次巡视并未成行，原因很多，其中之一是巡逻舰破旧，而帕拉塞尔群岛又远在正常航

---

⑱ 原文 Dunken Island，系指中国西沙群岛的琛航岛。——译者注

⑲ 同⑯，21 May 1933.

⑳ Telegram to H. M. Minister Nanking no. 90，2 June 1931：FO 262/1790：3/285/31.

程之外。

1931 年 6 月 1 日，海军建议外交大臣向法国政府提出此事，以避免造成既成事实。情况表明，法国人受到在广州一个新兴政治家和军事将领集团的影响，他们反对的蒋介石南京政府，[21]正在取得对华南地区的控制。

"这种内部斗争，加上重新爆发内战的前景，可能分散中国人对帕拉塞尔群岛所有权这种相对次要问题的关注。

法国在与印度支那接壤的中国南部省份有重要的经济利益。法国的政策可能会支持在广州的新政权，公开地或者是秘密地，例如提供武器，犹如近些年它在中国内战中大力做的那样。作为对这一支持的小小（秘密）回报，可以要求'南方政府'不要挑战法国兼并帕拉塞尔群岛的行动。"[22]

---

[21]　此处系指当时的宁粤对峙。——译者注
[22]　FO 262/1790；F 2971/2669/10 Admiralty，1 June 1931.

在这些记录中，英国方面最详尽、明确的表述是外交大臣阿瑟·亨德森(Arthur Henderson)给英国驻巴黎大使蒂勒尔爵士(Lord Tyrrell)的一封信，要求他审慎地向法国政府交涉，表示英方希望有关法国打算占领帕拉塞尔群岛的传言不是真的。此信还重提日本人曾于1920年想兼并帕拉塞尔群岛之事，当时：

"为了防止这种情况发生，我们曾建议中国政府切实对这些岛屿行使主权。中国政府答应派遣一艘炮艇前往，不过显然，他们实际上并没有这样做。1922年9月15日，海军部对日本人可能通过为一家日本公司租赁这些岛屿而获得控制权表示担心。他们建议，英国政府'应继续反对任何具有割让或出卖中华民国沿海领土和岛屿主权倾向的中国党派'。"㉓

此信接着提到中国海关承诺派出一艘海关巡逻

㉓　FO 262/1790；F 2971/2669/10. Foreign Office, 10 June 1931.

阿瑟·亨德森
（时任英国外交大臣）

蒂勒尔爵士
（时任英国驻法大使）

舰艇去宣示中国主权的历史。随后，英国外交部强调，对中国领土的任何割让均违背1922年华盛顿《九国公约》㉔，都将为英国政府所反对，同时中国政府已承诺，不割让或出租任何领土。此信结尾提及1928年有一份来自广州的报告称，"中国当局已完成对这些岛屿的调查，广东省政府打算自己开发这些岛屿。"㉕

1931年7月6日，英国驻巴黎大使蒂勒尔向英国外交大臣阿瑟·亨德森报告说，法国政府看起来打算兼并帕拉塞尔群岛，其依据可追溯到安南皇帝1806年或1816年的权利主张。蒂勒尔写道："法国政府知道，中国于1909年在邓肯岛上升起国旗，我理解当时他们并没有提出抗议。"㉖据报道，法国外交部说，帕拉塞尔群岛主要是珊瑚礁，不适宜居

㉔　系指《九国关于中国事件应适用各原则及政策之条约》，1922年2月6日，华盛顿，载《国际条约集》(1917—1923)，世界知识出版社，pp. 765-769。——译者注

㉕　同㉓。又，这里系指1928年广东省政府"招商承采西沙群岛鸟粪简章"。——译者注

㉖　FO 262/1790: F 3869/2669/10, 6 July 1931.

住，群岛上只有大约20名当地渔民和偶尔上岛的日本或中国的鸟粪商人。[27]大使报告说，法国的立场如下：如果法国的法律顾问认定安南皇帝确实曾在19世纪初兼并过帕拉塞尔群岛，法国政府将向中国政府发出一份照会，对这一群岛主张主权。如果中国对此有争议，将建议提交仲裁。

---

[27] 同上。

法国档案： 1931 年—1939 年， 法国兼并帕拉塞尔群岛

　　法国档案的呈现方式很复杂。1956 年后，越南要求法国提供法国外交部关于帕拉塞尔群岛和斯普拉特利群岛的档案。法国人提供了，但以颠倒时间顺序的方式，先提供 1947—1956 年的，然后跳过仅提供 1931—1932 年的。这些都在外交部档案中，标题为：外交部档案馆亚洲大洋洲 1944—1955 年 119 QO 中国对外政策：帕拉塞尔群岛档案 第 215 卷。㉘这一档案下文会引用，引用方法与前文引用第 312 卷相同，写明页码和文件日期。第 215 卷涵盖 1931 年至 1932 年时期，但不完整。还有另外一个文件系列涉及同一时期包含不是直接为越南人整理的材料，标题为：E 系列，S13 盒，第 9/1 档案，日本中国(帕拉塞尔群岛)，第 743 卷(1930 年 1 月 1 日

㉘　Diplomatic Archives Asie Oceanie 1944－55 119 QO CHINE Politique extérieure：Isles Paracels Dossier（Volume）215.

至 1932 年 5 月 31 日)㉙以及 E 系列，S13 盒，第 9 档案，日本中国(帕拉塞尔群岛)第 744 卷(1932 年 6 月 1 日至 1936 年 12 月 31 日)㉚。

这里叙述将从 1931 年 3 月外交部法律顾问朱尔斯·巴德旺(Jules Basdevant)要求的最后法律意见开始。作为一名法律顾问，巴德旺并非严格意义上的驻部法律专家，而是一位独立学者。随后，将详细解释外交部长阿里斯蒂德·白里安如何对待法律意见，如何决定以越南即安南的名义公开法国的权利主张。之后，将对法国提出权利主张后中国人和法国人之间的法律交流进行详细讨论，接着回到法国自 1947 年以来对这一问题的考虑。

有两份巴德旺的法律意见，一份是 1931 年 3 月 3 日的，另一份更早些，是 1930 年 6 月 19 日的。在 1947 年人们认为 1931 年的比 1930 年的更权威，

㉙ Series E Carton S13 Dossier 9 rd/1 Japan China Volume 743, 1 January 1930−1 May 1932.

㉚ Series E Carton S13 9 rd Dossier (Volume) 744. Japan China (Paracel Islands) 1 June 1932−31 December 1936.

朱尔斯·巴德旺

（时任法国外交部法律顾问）

因此它是以更翔实的信息为基础的，包括由外交部亚洲大洋洲司（Asia Oceanic Department of the Ministry of Foreign Affairs）1931 年 2 月 7 日向巴德旺提供的一套特别资料。巴德旺写道：[31]

"这些文件似乎证明，19 世纪初帕拉塞尔群岛曾是安南的属地，当时安南曾对这些岛屿有效行使权利。之后很长一段时间以来，安南不再对这些岛屿行使权力……有人想建造一座灯塔的意思并不产生我们能够指出的外在显示。拉皮克（Lapicque）先生在 1929 年一本小册子中所指认的事在我掌握的所有文件中都没有得到证实。[32]这种情况下，是安南的权利得到了保留，还是已被默认放弃？这是一位仲裁员可以这样或那样评判的问题，取决于他的精神状态。在新近两项仲裁裁决中，帕尔马斯岛案似乎

---

[31]　Volume 215, p. 68.

[32]　The19 June 1930 opinion gave weight to the documents of Mr Lapicque, that they indicated exercise of sovereignty through activities of the Indo-China Custom in making surveys and oceanographic explorations etc., supposing that these could be proved to have hapened, Dosier 215, p. 75.

更支持安南的权利失效（caducité），而克利珀顿岛案似乎更支持这项权利被保留了。

文件确认，中国在 1909 年占领这些岛屿。还可以看到，中国自此通过一些授权或批准展示它主张对这些岛屿拥有的权利。这些事实具有显示中国确立权利的性质，若非它与安南先前的权利是对抗的。这就回到安南的权利至 1909 年是否继续存在的问题。

在这种情况下，确实很难说被邀请做出裁判的仲裁庭对于安南的权利有效性会说些什么。如果安南帝国在帕拉塞尔群岛更积极些，通过对这一地区的军舰巡视展示自己，安南的诉讼立场会得到加强，顺便说一句，如这种活动能避开占领的形式，也是非常合适的，它可以被看作是行使业已存在的先前权利。是否这样做，这取决于我们怎么判断以安南名义对帕拉塞尔群岛提出权利主张对于我们的利益。"

在这一法律意见之后，一份法国外交部部长（还是阿里斯蒂德·白里安）的电报经西伯利亚抵达法国驻北平公使手中，此电编号为第 91 号，于

1931 年 3 月 25 日被登记为外交部文件并记录在案。这一资料未收录到经过整理的 1945 年以后的记录中，而是保存在 1931 年的原始文件汇编中。令人惊讶的是，电报为巴德旺的建议背书，这意味着认定法国政府于 1921 年采取的法律立场是正确的：

"1. 按照外交部法律顾问的意见，殖民地部所述文件似乎证明，在 19 世纪初，帕拉塞尔群岛是安南的属地。不过，安南长期没有行使权力，中国则于 1909 年占领这一群岛，这些事实具有显示中国确立权利的性质，若非它与安南先前的权利是对抗的。整个问题是这些权利至 1909 年是否继续存在，很难说一个法庭会做出什么裁决。

2. 该法律顾问认为，在这种情况下，如果安南对于帕拉塞尔群岛行使权力更积极些，通过对这一地区的军舰巡视展现自己，安南的诉讼立场可以自证合理。有关活动不应采取占领的形式，因为这是行使一项可能存在的权利。

3. 在我看来，安南的权利主张（如同外交部法律顾问透过字里行间所观察到的）具有可疑的性质，这证明我们在帕拉塞尔群岛问题上 1921 年采取的态度是对的。不过，在我做出最后决定之前，请你通过电报告诉我，你是否对下述问题有确定（或可能）的答案：在当前中国面临民族危机的形势下，是否可能按照最后一段的建议行事，又不挑衅中国当局和人民，不引起可能损害我们利益的反应？"③

法国公使韦礼敦（Wilden）于 1931 年 4 月 28 日在南京对第 91 号电报做了回复。他说，可以肯定法国的任何行动都将激起强烈抗议，"因为 1909 年以来，我们对于中国展示对帕拉塞尔群岛主权的言行从未提过抗议。"尽管如此，韦礼敦无法准确说出中国对电报第二段所述行动会做什么反应，直到 5 月 15 日国民会议（Chinese National Assembly）召开，明确对外国列强的立场。

"如广东省政府派出专员前往这些岛屿，对于他

---

③　Series E Carton S13, Dossier 9 rd/1, Japan China Volume 743, 1 January 1930−31 May 1932, pp. 238-9.

们的信任投票已于 3 月获得通过，我们可能不得不采取更为明确的行动……从*另一方面说，如果严重事件导致广东省政府垮台，则不失为可利用的时机，可立即采取占领行动。*"㉞(原档案为斜体)

外交部考虑韦礼敦的意见，于 5 月 21 日进一步审议有关问题并阐述如下：法国权利主张法律上的可疑性质，群岛远远谈不上具有绝对战略利益，以及帕拉塞尔群岛的经济价值三者相加，不足以让法国与中国发生冲突，最好还是等待严峻事态改变中国政府的处境。在这种情况下"……利用情势发展占领这些岛屿，以既成事实来支持我们的说法。"㉟

这些言论印证了英国海军部关于法国动机和策略的说法。

1931 年 6 月 16 日，外交部部长白里安再次致函韦礼敦，阐述他思想的发展：在他看来，法国政

㉞　同上，p. 260.
㉟　同上，p. 264.

府 1921 年的态度本质上维护了法国的利益，它倾向于承认中国对帕拉塞尔群岛的主权，但保留法国和中国 1897 年 3 月 12 日至 15 日和 1898 年 4 月 4 日至 10 日协议的不割让条款。他接着说：

"不过，我还想说，也许首先通过外交措施(程序)保留我们对这一群岛可能的主权权利并非没有好处，它的主要好处，可能是用于中断时效取得。我们理解，如果不成功，我们始终可以自主地(悠然地)在 1921 年条件下承认中国主权。"㊱

他表示将与殖民地事务部部长协商后告知最终决定。

白里安照此做了，他于 1931 年 6 月 16 日给殖民地事务部部长送去一份篇幅很长的文件。他概述了自己与韦礼敦的全部通信，然后他继续说(**此处为在法国档案中最重要的一段文字——作者注**)：

㊱　同上，p. 277.

"无论是在中国 1909 年占领帕拉塞尔群岛之前还是随后的年代中，法国政府都没有通过任何行为展示印度支那政府现在以嘉隆皇帝 1816 年一项决定为依据主张的主权权利，就此在我们建立安南保护国时，也没有任何后继（即跟进或有结果）的有效实施措施。

希望阁下㊲注意到，这些情况使印度支那政府的论据非常脆弱。总之，这些情况阻止我们自安南保护国建立起到 1931 年，首次对这些岛屿采取行政管理或巡视行动。当前中国正面临民族危机，今天我们要做这些，而且是在中国人已经采取类似行政管辖行动后做这些，将发生的不仅仅是韦礼敦所指出的政治风险。人们还会指责我们妄图通过迟到的宣示，赋予并未行使过的权利以表面效力。即使做最有利的假设，这些权利因嘉隆皇帝 1816 年一项行为而存在，但直到现在却丝毫没有被行使过。

鉴于这些原因，我认为最好将此事维持在法律

㊲ 从此文背景及行文语气上看，这里系指殖民地事务部部长。——译者注

层面上，就像我们在 1921 年决定的那样，在保留不可分割条款前提下承认中国对帕拉塞尔群岛的主权，或者在中国政府面前，通过程序保留我们的主权权利，若遇拒绝，我们提出将此事提交仲裁。（原档案为斜体）

1921 年我们两个部采取的立场对于您（殖民地事务部部长）和对于我来说，是考虑了问题的方方面面。今天和那时一样，都是为确保法国的利益无虞。出于巧合，帕拉塞尔群岛 1921 年 3 月划归海南岛管辖，这意味着 1897 年协议的不可分割条款可以适用。

尽管如此，根据您（为巴德旺准备简报）提供的文件，我的（白里安）倾向是在不隐瞒我们主张存在弱点的情况下，保留我们对群岛可能的主权权利并非是毫无益处的。作为外交上的一步，在我看来，它的主要好处是，为实用的目，可以中断时效取得，留下一个标记（日期），所有这些是把问题保留在法律层面上。即便用尽法律手段支持印度支那的主张未果，我们依然能够（自主地）按照 1921 年预设的条

件承认中国主权。如果阁下同意这点，我将通知我们驻北平公使。"㊳

还有一份海军部部长给外交部部长的报告简要说，他本人支持对帕拉塞尔群岛提出法国的权利主张，因为他看到一份海军报告称，这一群岛对于两栖登陆具有战略价值，即使在和平时期，因此不应允许落入他国之手。然而，说了这些之后，他又着重声明，海军无意在这些岛屿上设防，需要付出的代价与这些岛屿的重要性不成比例。此处有粗笔手写的"alors?"㊴并且在这些文字下划出下划线，这些显示海军部部长的报告纪要自相矛盾，外交部部长对此不以为然。㊵

显然，两次世界大战之间法国最杰出的政治家、外交部部长阿里斯蒂德·白里安（1928 年《凯洛

㊳　同上，pp. 276-278.
㊴　意即"那怎么办?"猜测此注系出自白里安的手笔。——作者/译者注
㊵　同㊳，p. 279.

格-白里安公约》的缔造者之一)认为，法国以安南的名义提出的权利主张陈旧乏力，对法国利益毫无必要，见到中国抵抗迹象即应予以放弃。他从一开始就考虑的策略是通过仲裁放弃或遇有中国抵抗便简单放弃。然而，实际上通过法国驻中国公使的报告以及外交部官员的信息，他知道中国正处于危机状态，他吃定中国人无力对法国人真正施压。由于第三共和国(Third Republic，1871—1940)时期法国内阁和议会制政府的脆弱性，白里安的主要目的似乎是巧妙应对来自印度支那政府和殖民地事务部的政治压力。他试图证明自己的看法，即他本人于1921年所采取的承认中国主权的法律立场仍然正确，完全足以维护法国的安全利益。1931年6月18日，在查阅所有文件(法国官方档案本身的记录)之后，面对巴德旺先生所说法国在这些岛屿上活动存在实际风险，白里安决定：

　　"1. 申明我们的权利，向中国发一份外交照会；

2. 若遇(中国)拒绝，提出仲裁；

3. 作为退一步(*comme position de repli*)的条件，强调帕拉塞尔划归海南岛，连同海南岛不可割让。"

在有关部门同意这一立场后，即于 1932 年 1 月 4 日向中国驻法公使馆发出照会。照会原本应该发送北平一份，然而却由于时局不利导致照会未能发出。[41]

---

[41] Dossier 215, pp. 65-68.

法国外交部、 中国外交部、 法国驻北平公使及中国驻法国公使馆之间的外交函电往来， 包括中国驻法国公使（顾维钧）与法国外交部国际法顾问之间的国际法论点（1931 年至 1937 年）

　　这里介绍这些论据说明，法国的立场是如何从作为越南保护者，公开、明确地主张越南对于帕拉塞尔群岛的权利，到逐渐转变为确信越南立场非常虚弱，很难辩护，最理想的结果是同中国通过谈判或仲裁在外交上达成友好安排。产生这样的结果，部分归功于顾维钧在巴黎提出了复杂论点，同时也是由于卷入很深的法国国际法专家哈特曼（Hartmann）提出了保留意见。这一插曲为法国战后外交努力在与中国的仲裁中履行其在西沙群岛的职责铺平了道路，他们原以为这是失败的。

顾维钧
（中国近现代史上卓越的外交家，时任中国驻法公使）

故事以1931年12月4日法国外交部致函中国驻法公使馆开始。㊷此函全部译文如下：

"1931年12月4日，巴黎外交部荣幸地提请中国驻法大使馆注意帕拉塞尔群岛。这是一组小岛和珊瑚礁组成的群岛，位于安南海岸242公里范围内，不时有捕捞海龟的渔民居住，一直属于安南帝国。

根据顺化王朝的《大南一统志》（*Dai Nam Nhat Thong Chi*），特别是嗣德皇帝（the Emperor Tu-Duc）统治时期出版的第四卷记载，自阮朝初年起，由文安村（village of Ving An）70位村民成立的'黄沙（Hoang Sa）公司每年到帕拉塞尔群岛捕鱼，从每年第三个月赴西沙群岛到第八个月返回，将在帕拉塞尔群岛采集的货物出售到首都'。

1816年，嘉隆皇帝以明确的方式确定对群岛的权利，庄严升旗，予以占领。1836年，明命皇帝

㊷　以下引用的许多文件均由安娜·巴卡博士（Dr. Anna Baka）全文翻译，她还协助就各国对领土法性质的看法不同做了评析。——作者注

（Emperor Min Mang）派团前往帕拉塞尔群岛，建造佛塔石碑各一。

必须指出的是，1898年该地区发生'贝罗纳'（Bellona）号和'宇野字丸'（Unoji Maru）号沉船事故，中国渔民出售沉船废铜之后，英国驻海口领事馆就此交涉，要求中国政府惩治罪犯。中国政府告知英国领事馆，此事不由中国管辖，因为'帕拉塞尔群岛不是中华帝国的一部分'。

由于珊瑚礁对航海者构成危险，为在帕拉塞尔群岛上建造灯塔，印度支那政府（General Government of Indochina）曾于1899年组织有关部门进行全面研究。

虽然存在这种法律状况，但是中国当局不久前质疑安南的主权，并对这一群岛提出权利主张。

在这种情况下，外交部部长想提醒中国驻法公使馆，安南对群岛的权利在先，同时应注意到，安南的主权权利是建立在嘉隆皇帝1816年占领西沙群岛之上的。外交部部长并不怀疑中法两国政府准备以友好精神审视这一法律问题发展的意向。"⑬

1932 年 9 月 29 日，顾维钧以中国驻巴黎公使馆的名义对据称是 1932 年 1 月 4 日收到的来函做出回复。法国档案管理员查无此函记录，但可以猜测，此函指的应是 1931 年 12 月 4 日的函。顾维钧复函全文翻译如下：

"中华民国代表团　1932 年 9 月 29 日
　　中华民国驻法国公使馆奉本国政府命令谨转呈中华民国政府对贵国外交部部长 1932 年 1 月 4 日有关帕拉塞尔群岛问题照会的回复。
　　西沙群岛（the Islands Si-Chao-Tchuin-Tao），又称七洲洋（Tsi Tcheou Yang），外文称'帕拉塞尔群岛'，其东北方向邻近东沙群岛（the islands Ton-Chao），处在中国广东省（南中国海）领海范围内，

⑬ All of the following individual documents are contained in the French Foreign Ministry Files: Series E, Carton S13, Dossier 9 rd/1 1 June 1932 to 31 Decemter 1936. Title of Dossier Japan China Paracel islands. Volume 744, and this document, at pp. 87-88.

它们是南海诸岛之一，构成广东省领海不可分割的组成部分。

根据中华民国十七年（1928 年）西沙群岛调查委员会主席沈鹏飞先生（Mr. Shen Pong-Fei）撰写的调查西沙群岛报告书以及广东省实业办公室（Industrial Office of the Province of Kouang-Tong）所存该群岛档案，西沙群岛位于东经 110°13′和 112°47′之间，有大小岛屿礁滩 20 余座，其中多为无耕种的沙洲，12 座由岩石构成，只有 8 座真正形成岛屿。群岛分成东西两组，迤东一组称'安菲特律特'（Amphitrite），'迤西一组称''库勒生特'（Crescent Moon，又译"新月"）。㊹这些岛屿距离海南岛 234 公里之遥，是中国南部领土的一部分。

1887 年 6 月 26 日于北京签署的《中法续议界务专条》第 3 条规定，广东界务现经两国勘界大臣勘定，边界之外，芒街以东及东北一带，所有商论未定之处，均为中国管辖。至于海中各岛，照两国勘

㊹ 原文 Amphitrite 和 Crescent Moon，分别系指中国西沙群岛的宣德群岛和永乐群岛。

186

界大臣所画红线，向南接画，此红线正过茶古岛东边山头，即以该线为界，该线以东，海中各岛归中国，该线以西，海中九头山及各小岛归越南。

印度支那和中国广东省边界的起点是位于北纬21°30′东经108°02′的竹山。根据以上条款，印度支那的海岸线位于竹山以西，自海岸上此点向南而下，可见帕拉塞尔群岛位于此线之东相去甚远，且与印度支那海岸线之间还隔着海南岛。这个群岛从地理位置上应归何国，一览便知。

除伍迪岛和林肯岛⑤拥有鸟粪储存可用于制作化肥原料外，群岛其他岛屿仅由沙子和珊瑚礁构成，没有殖民价值。在这些岛屿上，只有海南居民往来捕鱼，却不知曾有印度支那人来此。安南皇帝有什么特殊理由跑到群岛上建立祠宇，立碑为志呢？法国政府摭拾安南一二遗史，牵强附会，却忘记印度支那曾系中国藩属长达几百年之久，忘记帕拉塞尔群岛已是中国领土一部分，忘记印度支那作为藩属

---

⑤　原文 the islands "Woody" and "Lincoln"，系指中国西沙岛的永兴岛和东岛。——译者注

私谋占领中国领土，事理所无。而且，外交部部长照会提及树碑建塔，却未说在哪个岛屿上，究在何处。

法国政府提出优先权，却无令人信服的证据。民国十年以来，中国公民承垦这些中国岛屿，经广东省当局批准者已达五次，皆有案可查。再者，法国政府此前从未提及有权占领这些岛屿的主张。

根据国际法习惯，占领一座远离大陆的岛屿，首要条件是'第一有效占领'原则，即在某特定土地上定居的国民向各自的国家转移对这些土地的所有权。海南岛的土著居民在帕拉塞尔群岛上散居，筑庐而居，置舟而渔，以满足日常需求，他们在此已有相当长的时间。清朝政府于1909年派遣军舰巡视勘察这些岛屿，并在永兴岛上竖旗鸣炮，公告中外，宣示有效占领。而同一时期，法国政府却并未（在帕拉塞尔群岛）现身。1908年，为海上航行安全在帕拉塞尔群岛上修建灯塔问题引起国际海事界的关注。为此，中国政府在收到有关航海公司修建灯塔请求后，批准了其请求。1930年4月，在香港举办的气象会议上，印度支那观象台台长法国人布鲁松

（Mr. E. Bruzon）和徐家汇观象台台长兼大会助手劳积勋（Father L. Froc）向中国代表提议在帕拉塞尔群岛上建造观象台。这不仅证明帕拉塞尔群岛在国际上被承认为属于中国，而且证明法国人自己也认同这种观点。外交部长照会提及 1898 年在西沙群岛发生沉船事故和英国驻海口领事提出交涉一节，没有文件记载，中国政府无案可稽。

相关条约、文件和档案以不容否认的方式证明，帕拉塞尔群岛是中国领土的一部分。根据国际法的优先规则和持续占有原则，这一群岛因多年实施占领而归属于中国所有，因此毫无疑问，没有任何国家可自称拥有这样的权利。"⑯

顾维钧的这一答复造成法国外交部内部极大困惑和犹豫。内部第一反应是编写一份于 1932 年 10 月 10 日完成的文件，标题为"中国驻巴黎大使馆 1932 年 9 月 29 日照会所载主张有失偏颇、不够准确"。尽管这份文件篇幅很长、内容详细，但在

---

⑯　同⑬，pp. 90-93.

1933 年 8 月 1 日顾维钧再次致函外交部询问何时能收到对于中方 1932 年 9 月 29 日照会的回复时，仍未有人给予中国人答复。此事引起骚动，有人于1933 年 8 月 7 日给法律顾问巴德旺写了一函说，仍未给中国人复照，法国不复照是否犯了一个错误，法国的沉默是否可以被解读为默认南京的主权主张。因此就有了哈特曼 8 月 16 日写的法律意见书，其中他对 1932 年 10 月文件言过其实提出批评。他的意见构成法国 1933 年 9 月 27 日给顾维钧的答复的基础。

1932 年 10 月 10 日文件为哈特曼 1933 年 8 月对此提出批评提供了背景。这份文件标题为"中国驻巴黎代表团 1932 年 9 月 29 日照会所载主张有失偏颇、不够准确"，主要内容如下：

"1. 西沙群岛，又称七洲洋，外文称'帕拉塞尔群岛'……

评论：西沙群岛和七洲洋是两个独立的群岛，彼此距离遥远。前者包括一组重要的岛屿散布在北纬 17°附近的公海中；后者由 7 个小岛所组成，位于海南岛（文昌县）东北不远处，在北纬 17°以北。

中国政府混淆两个群岛的名称，将它们适用于帕拉塞尔群岛，这种混淆贯穿整个照会。实际上，某些支持他们权利主张的论据不能适用于帕拉塞尔群岛，但是可以适用于七洲洋。这种混淆应该可以归咎于广东地方当局，广东地方当局曾就此进行调查并将相关信息提供给中央政府。这一猜测可以从法国驻海口领事馆（Consulate of France in Hoïhow）的一些函电中得到证实。在 1932 年 4 月 27 日编号为第 14 号的信中，埃塞尔托博士（Dr. Esserteau）报告外交部，由于因为法以印度支那政府的名义主张占领这一群岛的权利，广东省当局于 1932 年初向海南岛各县发出通告，要求调查并提供有关七洲洋群岛的信息。如果埃塞尔托博士提供的信息属实，这就意味着广东省政府在提请裁决帕拉塞尔群岛鸟粪储藏时，对于这些岛屿的具体位置竟一无所知。

不妨问一问，法国和中国的争端原因是否由于中国政府的一些误解造成，中国政府错把西沙群岛和七洲洋混为一谈。

注意：中国驻巴黎公使馆照会开头提到的东沙群岛（the Islands Tong Chao）指的是普拉塔斯群岛（The Pratas Islands）。

2. 西沙群岛……处在中国广东省（南中国海）领海范围内，它们是南海诸岛之一，构成广东省领海不可分割的组成部分。

评论：确实，帕拉塞尔群岛是位于中国海之内，但不是中国海所有岛屿都必然属于中国。我们知道，例如，中国海最南端抵达婆罗洲，包括许多岛屿，分属英国、美国和荷兰。中国政府意识到没有足够强有力的依据，为支持其论据，补充说帕拉塞尔群岛是广东省领海不可分割的一部分。对于七洲洋群岛，是这样的，因为它离海南很近，属于文昌县。

不过，涉及到西沙群岛即真正的帕拉塞尔群岛，这一观点是有疑问的。事实上，中国驻巴黎公使馆在照会中称，这些岛屿'距离海南岛234公里之遥'，这让人们相信，对于中国政府，领海要远比国际法普遍接受的大得多。

从另一方面说，如果帕拉塞尔群岛是广东省不可分割的一部分，那又怎么解释它们并没有出现在这个省的古代、官方和完整地图集(《广东舆地全图》——Kouang Tong Yuti Tsuien Tou)里呢？外交部有此书的修订本，系 1897 年(即光绪二十三年)奉广东省财政厅(Provincial Treasury of Kouangtong)命令出版的。七洲洋群岛非常清楚地被标记在文昌县地图上。西沙群岛没有出现，而且是有原因的，地图集上方的一个地理符号表示，示意图标示了位于海南岛南端的榆林港(Bay of Yulin Kang)，为广东省的最南界限，此书说它位于北纬 18°9′10″(即西沙群岛以北两个纬度)。由此可见，至少在 1897 年，广东省政府并不认为西沙群岛是其领土并在其管辖之下。中方对于西沙群岛的权利主张是后来提出的。

3. 根据中华民国十七年(1928 年)……撰写的调查西沙群岛报告书……西沙群岛位于东经 110°13′和 112°47′之间……

评论：这里的描述是准确的，只是中国驻巴黎公使馆指出的是西沙群岛的经度而不是其纬度。这仅仅是疏忽，还是故意遗漏？七洲洋与西沙群岛(约 111°)大致位于同一经度，只是纬度不同。通过不提及纬度的做法，中国政府保留了模糊指称这两个群岛名称的可能性。

4. 1887年6月26日于北京签署的《中法续议界务专条》第3条规定，广东界务现经两国勘界大臣勘定，边界之外，芒街以东及东北一带，所有商论未定之处，均为中国管辖……印度支那和中国广东省边界的起点是位于北纬21°30′东经108°02′的竹山。根据以上条款，印度支那的海岸线位于竹山以西，自海岸上此点向南而下，可见帕拉塞尔群岛位于此线之东相去甚远，且与印度支那海岸线之间还隔着海南岛。

评论：这里被援引1887年条约的有关规定，唯一的目的是划定芒街地区中国和北圻的海上边界，将位于芒街河㊼河口以东此前曾属于安南的部分领土和岛屿划归中国。简单地说，巴黎子午线东经105°43′被选为分界线。然而，从条约文本看，有关条款专指芒街地区。若把有关条款适用于其东南方向约300海里之遥的帕拉塞尔群岛，那就意味着巴黎子午线东经105°43′以东都属于中国，中国就可以

㊼　这里的芒街河，系指北仑河。——译者注

宣称拥有印度支那沿岸的大部分岛屿，特别是富贵岛（Poulo Cecir）。这种推理的结果是荒谬的，这说明 1887 年条约的有关条款必须解释为适用局部范围。

中国公使馆关于西沙群岛位置的说法是'且与印度支那海岸线之间还隔着海南岛'。此说对于七洲洋群岛完全适用，但不适用于帕拉塞尔群岛。正如中国人自己所承认的，帕拉塞尔群岛距海南岛 145 海里，位于印度支那海岸线以外的公海上。

5. 在这些岛屿上，只有海南居民往来捕鱼，却不知曾有印度支那人来此……

这些主张是否准确，可以要求殖民地事务部部长和印度支那政府予以核实。

6. 却忘记印度支那曾系中国藩属长达几百年之久，忘记帕拉塞尔群岛已是中国领土一部分，忘记印度支那作为藩属私谋占领中国领土，事理所无。

评论：需要证明的恰恰就是帕拉塞尔群岛最初是中国领土的一部分。中国驻巴黎公使馆主张这一事实，却没有提供任何证据。中国的主张似乎自相矛盾，因为中国官方地图上没有关于帕拉塞尔群岛的标示。

7. 民国十年以来，中国公民承垦这些中国岛屿，经广东省当局批准者已达五次，皆有案可查。

评论：这个说法不能证明任何东西，因为很明显，1932 年广东当局最多只批准过一次开采鸟粪储藏，这一时期又把七洲洋群岛和西沙群岛混为一谈。手书注释：1932 年 12 月 23 日广东第 65 号函确认此事。

8. 中国政府 1909 年派舰巡视的说法更值得注意。但问题仍然存在，即要弄明白，是巡视了西沙还是七洲洋群岛。

9. 至于劳积勋神父（Father Froc）出席在香港召开的远东气象会议的论据，会议期间讨论了在帕拉塞尔群岛建立一座观象台，这个说法没有价值，因为徐家汇观象台台长的发言特地说明，这不损害对帕拉塞尔群岛的主权问题，就此 1932 年 4 月 29 日举行的第四次会议纪要有记录。劳积勋神父表示：我认为在帕拉塞尔群岛建造灯塔和无线电台对中国海的航运安全至关重要，我谨赞同其他代表的发言，以表明我们在这个问题上意见一致。我已同中国海军舰队历任总司令交谈过，请求支持这个项目。我还提到，虽然建造灯塔费用巨大，但相比一艘一流巡洋舰触礁的损失，费用微不足道。然而，一直存疑的是，将升起的是哪国的旗帜。"[48]

查格劳德·哈特曼（Chargueraud Hartmann）写了一份意见，于 1933 年 8 月 16 日递交给外交部亚洲司，这是递交的第一份文件，他在文件中先对上述文件进行评论，然后讨论了如何答复中国驻巴黎公使馆的问题（全文转译）：

"1. 仅仅指出中国在 1932 年 9 月 29 日照会中将帕拉塞尔群岛即西沙群岛与 242 公里外的七洲群岛混为一谈，似乎不能，哪怕是尝试性地驳回这份照会。不管中国驻巴黎公使馆的混淆名称引起争议用意何在，从照会中可以清楚地看出，他们想要'窃取'帕拉塞尔群岛。使用'安菲特律特'名字指称帕拉

㊽ Serie E, Carton S13, Dossier 9 rd/1 Japan China, Isles Paracels 744, pp. 52-58.

塞尔群岛东侧一组岛屿，有关经度（自东经 110°13′至东经 112°47′）——相应东端点——与帕拉塞尔群岛符合，距离海南约为 234 公里，甚至列举的事实（包括 1909 年中国当局占领）等，所有这些都表明他们指的就是帕拉塞尔群岛。

2. 不管法国在仲裁场景中胜诉的可能性有多大——况且我们是否真的能诉诸仲裁尚不清楚——中国照会其实基础并不十分牢固。如果外交部认为不宜同意中国的观点，则有必要对照会做出答复，并对其中的依据提出针锋相对的观点。

3. 中国驻巴黎公使馆认为，实际上，帕拉塞尔群岛是南海诸岛的组成部分，构成广东省领海不可分割的一部分。不过，中国承认，帕拉塞尔群岛距离海南岛 234 公里，而海南岛自身距离广东海岸超过 16.1 公里。显然，帕拉塞尔群岛位于中国领海之外，因为中国代表在 1930 年海牙国际法编纂会议期间原则上接受了 4.8 公里限制规则（1930 年 4 月 3 日会议，《会议记录》，第 3 卷，第 124 页）。

4. 1887 年 6 月 26 日签订的《续议界务专条》，其目的是划定中国与北圻的边界。中国公使馆援引的专条第 3 条与广东界务有关，不可能对远在专条适用范围之外的帕拉塞尔群岛主权问题做出规定。若巴黎子午线东经 105°43′ 按照划界委员会的指示，将边界接划延伸入海，不过是局部的界限，没有更多，若将这一界限确定到帕拉塞尔群岛的纬度，那么不仅是在安南领海中的众多岛屿，还有这个帝国的很大一块陆地区域都将被置于中国的主权之下。事实并非如此，鉴于越南领土整体受到 1885 年 6 月 9 日《中法会订越南条约十款》第二款的调整，根据有关条款，中国有义务尊重法国与越南之间已经缔结及将要缔结的条约、公约和安排。

5. 在 1885 年，帕拉塞尔群岛合法地构成安南帝国领土的一部分，对此中国有义务尊重。为了主张对帕拉塞尔群岛的主权，中国驻巴黎公使馆援引'多年'占领，但没有先于 1909 年的行动以资证明。海南当地渔民在群岛上居无定所，日期不确定，不能构成国际法上的占领，不能将主权权利转移给这些渔民的原属国。至于中国照会提及的批准以及中国与其国民之间的交易并不涉及当局对这些岛屿行使权力。1909 年中国当局所采取的行动，如果真实意图如 1932 年 9 月 29 日照会所说的，是实现对帕拉塞尔群岛的有效占领，排除其他国家，那么我们只能认为这些行为侵犯越南领土，违背 1885 年条约，因此不能产生权利。"[49]

根据这一意见，法国外交部于 1933 年 9 月 27 日再次致函中国驻巴黎公使馆顾维钧，几乎全盘照搬查格劳德·哈特曼的法律意见，全文如下：

"中国驻巴黎公使馆在 1933 年 8 月 1 日照会中表示，希望了解法国政府对于中国政府关于西沙群岛所有权的观点有无回应。

中国公使馆在上一函中强调，上述群岛是南中国海诸群岛之一，而南中国海则是广东省领海不可分割的一部分。中方也承认，帕拉塞尔群岛距离海南岛 145 海里。由于出席 1930 年海牙国际法编纂会议（1930 年 4 月 3 日会议）的中国代表已接受 3 海里领海划界原则，自此，有关岛屿就不能被视为包含

㊾　同上，pp. 121-123.

在中国领土范围内。

另外，中国代表团援引1887年6月26日在北京签署、划定中国与北圻海域的《续议界务专条》第3条。专条规定，至于海中各岛，以巴黎子午线东经105°43′向南接画，此线正过茶古岛东边山头，即以该线为界，该线以东，海中各岛归中国，该线以西，海中九头山及各小岛归越南。显然，这一条约的目的是确定中国和北圻在芒街地区的准确边界点，别无其他可以成为中国对帕拉塞尔群岛拥有主权的确凿证据，因为这些岛屿距离芒街200海里之遥，位于专条的适用范围之外。

若巴黎子午线东经105°43′按照划界委员会的指示，将边界接划延伸入海不过是局部的界限，没有更多，若将这一界限确定到帕拉塞尔群岛的纬度，那么不仅是在安南领海中的众多岛屿，还有这个帝国的很大一块陆地区域都将被置于中国的主权之下。事实并非如此，鉴于越南领土整体受到1885年6月9日《中法会订越南条约十款》第二款的调整，根据有关条款，中国有义务尊重法国与越南之间已经缔结及将要缔结的条约、公约和安排。若严格执行针对中国政府的条款，就不会导致违背 1885 年条约的情形，因为在逻辑上不可能这样。

另外，在 1885 年，帕拉塞尔群岛合法地构成安南帝国领土的一部分，对此中国有义务尊重。为了主张对帕拉塞尔群岛的主权，中国驻巴黎公使馆援引'多年'占领，但没有先于 1909 年的行动以资证明。海南当地渔民在群岛上居无定所，日期不确定，不能构成国际法上的占领，不能将主权权利转移给这些渔民的原属国。至于中国照会提及的批准以及中国与其国民之间的交易并不涉及当局对这些岛屿行使权力。甚至 1909 年中国当局认为有必要采取占领行动本身即证明，此前中国的权利并没有在岛屿上确立。事实上，这些岛屿是在安南皇帝的主权之下，根据顺化朝廷档案记载，安南皇帝自 1816 年就对这一群岛实施有效占领。根据 1884 年 6 月 6 日法国与安南在顺化签署的《和平条约》有关规定，这一群岛同安南帝国其他部分一样，成为法国的保护地。根据 1885 年 8 月 9 日《中法会订越南条约十款》第二款，中国有义务遵守《和平条约》的有关规定。

最后，中国驻巴黎公使馆提及，1930 年在香港举行的气象会议曾考虑在帕拉塞尔群岛建造一座观象台。外交部部长希望指出的是，参加此次会议的法国科学家并未得到授权就政治权利问题做出决定，他们仅限于从技术角度对在群岛上造灯塔是否可行以及是否有利于航行提出建议；最后，劳积勋对这座灯塔应悬挂什么旗帜提出保留意见，有关意见已写入会议记录。*因此，外交部部长认为，法国政府所依据的法律主张令人信服，没有事实可以被援引予以反对。*（原档案为斜体）

在这种情况下，外交部部长别无选择，只能坚持其在 1932 年 1 月 4 日照会中的结论。他表示希望法国政府和中国政府能达成一致，以明确的方式确定帕拉塞尔群岛的领土地位。"⑤⓪

这个观点祭出国际法的基本理论依据挑战中国，这是中国驻巴黎公使馆所面临的问题。法国的复函认为，中国的主要论据是中国渔民与这些岛屿的联系，觉得有理由可以无视中国作为国家于 1909

---

⑤⓪　同上，pp. 94-97.

年占领帕拉塞尔群岛的事实。[51]这个问题在英国档案和美国档案中都没有人直接关注，因为人们认为中国在1909年已经正式兼并帕拉塞尔群岛。以本国的渔民造访岛屿而提出国家所有权的权利主张，这一问题在涉及斯普拉特利群岛时确实引起了广泛关注。

当哈特曼和外交部称中国在1909年的行动违背《中法会订越南条约十款》(1885年)规定的一项权利时，他们忽略了巴德旺的观点，即越南的权利主张已经过时——对此他们心知肚明。有趣的是，显然1933年8月7日有人征求巴德旺的意见，但是却没有关于他是否对这一请求做出答复的档案记录。[52]

中国驻巴黎公使馆于1934年6月7日复函法国外交部(全文翻译)[53]：

---

[51] 这是助理研究员巴卡博士的评论。

[52] Dossier 744, 同上, p. 126.

[53] 同上, Dossier 744, pp. 161-163, for six pages numbered in the Chinese letter.

"中华民国驻法国公使馆向法国外交部致意，并谨转呈本国政府对法国政府以 1932 年 9 月 29 日照会转呈法国政府有关帕拉塞尔群岛所有权问题意见的回复。

外交部在先前致中国驻巴黎公使馆的函（1933年 9 月 27 日照会）提及这一问题称，中国驻巴黎公使馆接受：

'帕拉塞尔群岛距离海南岛 145 海里。由于出席 1930 年海牙国际法编纂会议（1930 年 4 月 3 日会议）的中国代表已接受 3 海里领海划界原则，因此中国驻巴黎公使馆应该承认，自此，有关岛屿就不能被视为包含在中国领土范围内。'

中国政府认为，帕拉塞尔群岛问题与 3 海里原则没有关系，后者只是用于划定领海，而非领土范围。适用于中国，3 海里原则应从海岸（低潮线）起算，这个应适用于所有中国领土的领海，而不是适用仅限于海南岛。同样没有理由认为，援引 3 海里原则，中国的海洋领土领域就止步于海南岛。事实上，进行如此一般化的论证是站不住脚的，以此类推是否可以说，诸多的岛屿和殖民地远离法国本土超过 145 海里，难道它们就不应被视为法国领土领域的组成部分？"

法国外交部照会主张：

"若巴黎子午线东经 105°43′ 按照划界委员会的指示，将边界接划延伸入海不过是局部的界限，没有更多，若将这一界限确定到帕拉塞尔群岛的纬度，那么不仅是在安南领海中的众多岛屿，还有这个帝国的很大一块陆地区域都将被置于中国的主权之下。"

中国政府认为，《续议界务专条》第 3 条所规定的是"在公海中的各岛"，并不涉及安南的陆地问题，这应该是一个解读的错误。第 3 条除了明确划定中国和北圻在芒街地区一个准确的边界点之外，还带有确定"在公海上各岛"领土主权的准确意图，因此规定："照两国勘界大臣所画红线向南接画……该线以东，在公海中的各岛归中国……"因此毫无疑问，位于这条线以东的岛屿主权属于中国。

外交部还认为，这些岛屿在 1909 年被中国政府占领之前"是在安南皇帝的主权之下，根据顺化朝廷档案记载，安南皇帝自 1816 年就对这一群岛实施有效占领"。然而，就中国而言，中国政府不会忘记，安南于 1816 年之际系中华帝国藩属，于宗主国之领土境内，私谋独占行为，为事理所必无，顺化朝廷编年记录没有根据。

1909 年，清朝广东水师提督李准巡阅西沙各岛，竖旗鸣炮当系复位岛名之纪念仪式，若夫该岛之为中国所占有，已远在汉代马伏波将军征南之前，此证诸中国历史，斑斑可考者。即以最近事实而论，凡商人之欲承垦该岛者，均须经过广东省当局之批准。此民国十年以来之一贯办法，至今行之无间，益证该岛之为中国领土，中国政府始终握有管理实权。

民国二十二年法国宣布占领南海九小岛后，法国驻华公使馆秘书菲利普·傅德（Philippe Baudet）承法国驻华公使韦礼敦之命，就此向中华民国外交部副部长徐谟转交一份照会，其主旨称，九小岛，中国地理书未提及，中国地图亦未标示，这些著作"非常清楚地显示，它们认为中国领土最南端界限是帕拉塞尔群岛南端之土莱塘岛[54]"，照会引用洪孟思主编的《中国民国分省地图》（Individual Maps of the Chinese Provinces, Universal Atlas of Houng Mong-Hsi）等地理书籍，并称"九小岛与帕拉塞尔群岛相距300海里，且无小岛相连，显非帕拉塞尔群岛"。在同一文件中，法国政府将土莱塘岛视为中国领土最南端，承认帕拉塞尔群岛属于中国。有鉴于去年中国致法国驻华公使韦礼敦先生的照会所做保留，关于九小岛问题，中国政府认为外交部照会与韦礼敦照会所载前后矛盾，不能接受外交部1933年9月27日照会提出的论据。

---

[54] 原文 Triton Island，系指中国西沙群岛的中建岛。——译者注

鉴于近年来中法友好关系不断加强，维护中法友好关系符合两国利益，中国政府希望法国政府在这一问题上与中国意见保持一致，避免发生任何误解。

1934 年 7 月 10 日，哈特曼对中国这份照会写了评论(55)：

“1934 年 6 月 7 日，巴黎

中国驻巴黎公使馆 1934 年 6 月 7 日照会是对外交部 1933 年 9 月 27 日照会的回应，其中针对法方观点的依据似难以令人信服。实际上，中国公使馆并未正面回答，更多的是顾左右而言他，而这对照法国照会看，并不令人失望。

中国对帕拉塞尔群岛主张权利主权，理由是这一群岛是南中国海诸岛之一，而南中国海是广东省领海不可分割的一部分。外交部就此指出，领海不能从海岸延伸 145 海里。中国公使馆回复表示，中

(55) 同上，pp. 164-167.

国同意按照 3 海里的规则划定自己的领海范围，但这并不构成中国领海领域止步于海南的理由。这本身就是证据，外交部从未做过相反论述。不过，自此接下来，中国公使馆并没有进一步论证先前援引的论据。

因此，只要注意到中国政府不再把广东省的领海扩展到整个南中国海并以此为理主张对帕拉塞尔群岛的主权就足够了。

关于 1887 年 6 月 26 日《续议界务专条》第 3 条的领土分配含义，中国公使馆认为，专条所指的'在公海中的各岛'位于条约线的东侧。中国公使馆的解读是这些岛屿包括帕拉塞尔群岛，这与该线以东还有安南陆地的事实并不矛盾，对此中国没有主张权利。应该强调的是，法国照会说的不仅仅是陆地，而且还提及巴黎子午线东经 105°43′以东、与帕拉塞尔群岛同纬度在越南领海内的岛屿。按照中国的解读，1887 年《续议界务专条》把这些岛屿也划归了中国。实际上，中国公使馆错误地引用了专条。事实上，专条并没有提及'在公海中的各岛'，而是'巴黎子午线东经105°43′……该线以东，海中各岛’。专条只能如此规定，因为当时在北圻和中国的领海内还有一些岛屿的主权需要确定。因此，很明显，正如法国1933年9月27日照会所指出的，这一划界具有纯粹局部性质，不涉及与帕拉塞尔群岛同纬度的土地。(56)

安南于1816年之际系中华帝国藩属，不能谋占自汉朝以来就属于中国的领土。然而，此说恰恰是需要展示依据，直到现在中国没有比以前更多展示它在1909年之前就拥有权利的依据。

法国驻北京公使馆援引一本中国地图集，以展示中国没有对帕拉塞尔群岛最南端的中建岛以南的领土主张权利，法国这么做仅仅说明，法国占领九

---

(56) 1887年6月26日于北京签署的《中法续议界务专条》第3条规定："广东界务现经两国勘界大臣勘定，边界之外，芒街以东及东北一带，所有商论未定之处，均为中国管辖。至于海中各岛，照两国勘界大臣所画红线，向南接画，此红线正过茶古岛东边山头，即以该线为界，该线以东，海中各岛归中国，该线以西，海中九头山及各小岛归越南。"

本条款似乎确切指定了特定区域划界中涉及的岛屿，从而支持了法国的解释。

小岛的位置更靠南，不应引起任何争议。然而，法国公使馆不希望因此而承认中国对帕拉塞尔群岛的主权，因为法国政府此前已经以安南帝国的名义提出对西沙群岛的权利主张。

需要进一步指出的是，包含上述标记的地理书相对而言均为近期出版。而在1897年官方出版的《广东舆地全图》中，没有标示西沙（帕拉塞尔）群岛，地图集顶部的介绍，把海南南部的榆林港确定为广东省的最南端界限，而此地是在帕拉塞尔群岛以北大约两个纬度的位置上。

如果法国政府不打算放弃对帕拉塞尔群岛的权利主张，不打算默认中国对这一群岛拥有主权，可以在恰当的时候将上述论据传达中国驻巴黎公使馆，让争端延续下去，这样也许有可能等待有利时机彻底解决这一问题。

实际上，我们不应隐瞒，如果诉诸仲裁，结果仍然可疑，因为中国论据的弱点并不能完全掩盖我们自己的缺陷，特别是涉及如下事实：印度支那总督政府在长期统治中似乎从来没坚称自己对帕拉塞尔群岛拥有权利，而且这种权利可以追溯到 1816 年，对于中国占领行为没有抗议一直容忍。”

外交部没有立即对中国公使馆的照会做出答复，直到两年多后，即 1936 年 11 月 23 日才做出答复。(57)这反映了哈特曼在法律意见倒数第二段定下的基调。他清楚地说明，这一案子不具有吸引力，需要缜密思虑，如果真想打官司的话，除了考虑中国反对之外，还要审慎考虑提出这一问题的适当时机，即是否真的想带着争议继续下去。

法国的答复一开始采纳了哈特曼的部分观点。1887 年划界仅涉及至中国和北圻在领海中各岛，不涉及领海划界问题。法国照会指出，专条并没有“在公海中的各岛”这一表述，实际使用的表述是“巴黎子午线东经 105°43′……该线以东，海中各岛”。对于确认越南 1815 年是中国的藩属，不能谋

(57) 同上，pp. 102-105.

占自汉朝以来就属于中国的领土一节，法国外交部还是坚持认为帕拉塞尔群岛自 1816 年就是安南的组成部分并在安南皇帝的有效占领之下，因为中国照会并没有提出与此相反的证据。法国照会这种说法与巴德旺在 1931 年 3 月提供的法律建议是背道而驰的。甚至，法国答复还说，注意到中国曾提及 1909 年的行动并非一项占领行为，而仅仅是在巡视期间举行的海军仪式。

法国照会重复了哈特曼关于中国出版的不同地图集及其作用的论点。照会强调，在有关这些地图集中，海南南部被确定为广东省的界限意味着并没有把帕拉塞尔纳入广东省，这与中国关于自古拥有帕拉塞尔群岛的论点是矛盾的。这一说法呼应了哈特曼在法律意见中未讨论但是法国 1932 年 1 月 4 日照会提及的一点，即中国当局对于英国和日本船只 1898 年失事沉船事件反应消极。对于这一看法，英国在 20 世纪 50 年代末考虑越南对帕拉塞尔群岛的主权权利主张时，做了详细分析。

至关重要的是，法国外交部的照会几乎只字不差地复述了哈特曼的法律意见，只有最后结论性的一段没有说，其中哈特曼的观点是，法国的国际法律立场是难以辩护的。

法国外交部这一照会没有像1933年9月27日照会那样以趾高气扬的风格结尾。1933年9月27日照会是这样结尾的："因此，外交部部长认为，法国政府所依据的法律主张令人信服没有事实可以被援引予以反对。"而此次照会则说：

> "在这种情况下，外交部只能坚持在1932年1月4日和1933年9月27日照会中阐述的论点，并再次恳请中国政府考虑这些准确情况，(重新)对于这个问题另进行一次(更新)审查，以便在不久的将来对帕拉塞尔群岛的地位做出令人满意的调整。"(58)

(58) 同上，p. 105.

1947 年和 1955 年后

　　法国外交部将 1945 年以后的事件收录于"亚洲
–大洋洲外交档案（1944 年至 1955 年）119 QO 中国
外交政策：帕拉塞尔群岛，第 215 卷"。[59]采用这种
档案汇编形式的总体政治背景是：1945 年后，法国
对其政策进行检讨，重新审视 1930 年的最初政策。
法国维希政府（Vichy France）曾一度与日本媾和，
直到 1945 年春，而日本只是短暂中断了法国对印度
支那的控制。日本投降后，中国南京政府迅速采取
行动，占领帕拉塞尔群岛的部分岛礁，而法国则抢
占另外部分岛礁。

　　简而言之，法国希望向南京提出把争端提交仲
裁，并在这种情况下来考虑自己的权利主张是否强

---

[59]　Diplomatic Archives Asie-Oceanie 1944–1955 119 QO CHINE
Politique extérieure：Iles Paracels. Dossier 215.

有力的问题。在1947年3月这个时间点上，法国人对于仲裁输赢似乎并不在乎，因为他们迫切希望南京政府能在法国与胡志明的越南起义者的冲突中保持中立。一项仲裁较之直接放弃先前的权利主张更简单，因此法国重新审视20世纪30年代的有关讨论。

这里是一份上呈给(外交部)秘书长的文件(60)(译文，略有概括)：

“鉴于近期事件造成的争议由政治层面过渡到仲裁法律层面，(61)现在是合适的时机重新提醒我们在仲裁上的立场是不明确的。

法国当局从在印度支那立足之初到1930年，一

(60) E 117-3 (p. 18, Dossier 215), 18 March 1947.

(61) 此处系指，1947年1月，法国军官登上中国占领的西沙群岛，要求中国人撤离并称可为此提供帮助，中国人对此表示愤怒。法国方面称这一军官越权，他得到的命令仅仅是向岛上的中国人宣示法国的权利主张。法国人一直希望不要干扰巴黎和南京之间的良好关系。——作者注

方面始终意识到帕拉塞尔群岛的战略利益，另一方面又始终保持克制，没有对这一群岛采取一项主权行动，没有向中国表明安南曾在那里行使过权利。然而在同一时期，形成对比的是，中国却采取了官方行动，它的意义（价值）不容小觑。正因如此，一支中国舰队于1909年巡视了帕拉塞尔群岛，并在主要岛屿上庄严升旗。而且，广东省政府于1921年在《政府公报》上颁布政令，将这些岛屿行政上划归海南行政区。所有这些行动，法国均未提出抗议。外交部经商印度支那总督达成一致（1921年8月21日第719号函）后评估认为，我们的努力应限于将1899年与中国关于不割让海南的协议适用于帕拉塞尔群岛。[62]

1931年，法国照会中国政府，首次以安南的名义提出权利主张。这些历史性权利本身不可忽视，但是它们被'重新发现'却是与法国金融和殖民公司

---

[62] 这里指的是不割让海南，并且连带不割让帕拉塞尔群岛给第三国的义务。——作者注

申请开发群岛上的磷酸盐矿有关。中国的答复援引的主要论据价值平平（其中包括中国渔民生产经营，对于《续议界务专条》的不准确解读等）。这些论据很容易回应。双方互致照会交涉一直持续到1938年。[63]顺便说一句，在这段时间中我们受益于政治条件的变化。

至于法国海军1938年的占领行动，这是得到中国政府同意后采取的，不影响两国各自法律立场，此举目的是阻挡日本推进。

巴德旺先生在1930年6月19日咨询意见中表示：安南似乎有些理由自称对帕拉塞尔群岛拥有主权。同时，在形成这一看法时他还有些犹豫。这位

---

[63] 可能是指1933年8月16日的一份文件，即查格劳德·哈特曼先生为外交部亚洲司撰写的材料，他在材料中提及中国关于帕拉塞尔群岛属广东领海等主张。文件称，帕拉塞尔群岛在1885年《中法会订越南条约十款》签订之际，是越南领土的组成部分，因此中国1909年的行为违反这一条约。(See Dossier 215, pp. 76-77.) 这一论点未被法国政府更高层所采纳或使用。还有一份相关的背景文件是海军中将赫尔(Herr)1930年向法国海军部提交的报告。该报告特别强调围绕帕拉塞尔群岛的商业活动压力，他说，面对压力，亟须做出决定。(See Dossier 215, p. 213.) 文中提到的压力来自一家法国公司，这家公司希望勘探磷酸盐矿。

法律顾问在 3 月 3 日提出的另一份法律意见说：'确实很难说被邀请做出裁判的仲裁庭对于安南的权利有效性会说些什么。'

概述之，如果安南的权利是更古老的权利，直到 1930 年安南并没有充分行使这些权利。而中国的权利是更新近的权利，但是却通过 20 世纪初采取的一系列官方行动予以确认。

考虑到仲裁结果的不确定性，曾设想用我们的权利交换印度支那其他地方的领土利益，但亚洲司认为，除了利益较小的南沙群岛外，找不到同等交换物。共管或者平分的解决办法存在很大的实际困难。在这种情况下，仲裁，不管结果多么不确定，似乎是摆脱当前困境的最佳途径。"

回到第 215 卷所收录的 20 世纪 30 年代档案，这里要说的是 1933 年 7 月 20 日编号为 E 913-9 的概要和巴德旺的两份法律意见。[64] 7 月 20 日的概要对

---

[64]　Beginning at p. 65, Dossier 215.

1930 年之前发生的事件作了综述。1947 年上呈给外交部秘书长的文件就是以这份纪要为基础的。此际正值占领斯普拉特利群岛旧事重提，文件提到需要对在过去 12 年中外交部、海军部、殖民地事务部和中国之间卷帙浩瀚的通信进行归纳。殖民地部写了一封长信，日期为 1930 年 10 月 18 日，包含大量档案文件内容，但仍然难以证明安南持续行使主权。从 1909 年起，中国着手实际占领这些岛屿。虽然中国并没有公告各方，但法国方面也没有对此抗议。

法国政府认为这些岛屿具有战略利益，特别是由于各国国民的卷入而具有商业利益。一方面有中国(先是省级，后是中央)政府颁发的开采许可，另一方面是有关商人想同法国政府合作开采，还有印度支那拥有这些岛屿的愿望，这些因素是主导法国行动的动力。1921 年到 1931 年，法国接受中国的立场，条件是适用 1897 年和 1898 年的条约不割让给第三国。

文件接着用上呈给秘书长的文件同样的措辞引

述巴德旺的观点。至此，文件总结说，若诉诸仲裁，法国论据脆弱，可以通过谨慎、不挑起争论的主权行为来加强自身立场。接着，文件清晰地阐述了法国针对中国可以采取的后续法律和外交策略。

1931 年 6 月 18 日，在查阅所有文件之后，面对巴德旺先生说法国在这些岛屿上活动存在实际风险，做出的决定是：

"4. 申明我们的权利，向中国发一份外交照会；

5. 若遇（中国）拒绝，提出仲裁；

6. 作为退一步，强调帕拉塞尔划归海南岛，连同海南岛不可割让。"

在有关部门同意这一立场后，法国于 1932 年 1 月 4 日向中国驻法公使馆发出照会。照会原本应该发送北平一份，然而由于时局不利而导致照会未能发出。1932 年 3 月，广东省政府就开采西沙群岛鸟粪进行公开招标。因此这一照会还被发往广州以示抗议。中国的复照没有说到点子上而且有些含混不清，对此已经指出。此外，还要提到英国的干预，法国对此回应称："我们认为我们拥有这些权利，正在研究如何以友好方式使中方从法律上理解这些。提出抗议同时(1932 年 3 月)，法国派出一支海军舰队到帕拉塞尔群岛展示国旗。"中国方面于 1933年 3 月复照法国后，也派出了一支海军舰队巡视帕拉塞尔群岛及其周边海域。此后，帕拉塞尔群岛未见其他活动。

档案第 214 卷记录了直至 1947 年 1 月的事态发展及后续影响，不过没有进一步的法律分析。这些文件没有总体分析，法国主要关注的是如何说服愤怒的中国人相信，法国护卫舰舰长试图在帕拉塞尔群岛登陆要求中国人撤离并非经过法国政府之指使。法国人想的是撤出帕拉塞尔群岛法占岛屿以换取仲裁，并为此做好外交准备。此际，由于法国正在同胡志明方面作战，因此希望用提交仲裁来规避"拱手让出越南领土"的舆论风险。这些文件给人一种印象：法国 1931 年抱着投机心态提出对这些岛屿的权利主张，现在面对南京政府和中国民众的群情激愤，又要应对印度支那严峻的内部起义，此事变成了一个烫手的山芋。

　　档案第 215 卷的其余部分印证了下面英国档案 1946 年至 1948 年的记录，但并不含有随后法国与英国之间的外交文书往来。法国人担心，1947 年 1 月法国护卫舰要求登陆事件可能导致中国放弃在法属印度支那战争（French Indo-China war）中保持中立的立场。中国政治学会强烈谴责法国的行为，呼吁必要时以武力收复帕拉塞尔群岛法占岛礁。[65]法国做出了让步，提出撤离所占岛屿，以此换取仲裁。中国并没有接受仲裁。此后双方一直保持 1947 年的立场，中国和法国各自占据帕拉塞尔群岛部分岛礁，直至 1954 年法国承认被北越打败，放弃印度支那，才将所占岛礁移交越南。

---

[65]　Dossier 215, p. 36, 31 May 1947.

1947 年以降英国档案中的帕拉塞尔群岛

根据英国外交部档案，中国提及法国“东京人”(La Tonkinoise)号护卫舰舰长曾于 1947 年 1 月 17 日要求在帕拉塞尔群岛上的中国人撤离，这一事件引起中国的强烈抗议。这是法国驻伦敦大使馆和英国外交部互致照会的背景。法方坚称，向法国海军发出的指示只是去查明在群岛上是否有中国人，并无提出撤离要求内容。中国人占据林岛(66)，法国海军奉命派出一支小分队登陆 80.5 公里外的拔陶儿岛(67)。法国驻华大使向中国政府说明了这一事件的原委经过，并再次提议将主权问题提交仲裁。(68)照会接下来用法文详细说明了法国的法律立场及法国赋予此事政治上的重要性。英国提议法国就中国对帕拉塞尔群岛的权利主张发一声明，阐明立场。法国

---

(66) 原文 Island“Boisée”，系指中国西沙群岛的永兴岛。——译者注

(67) 原文 Pattle Island，系指中国西沙群岛的珊瑚岛。——译者注

(68) UK Archive：FO 371/63462 27/1/47.

复函回应英方要求，并补充道，尽管有关报道甚嚣尘上，然而"夸大事件的重要性实属荒谬，本人向贵方保证，此事不会危及我们和中国友人之间继续维护的良好关系"。

接着照会指出，法国外交部已做以下澄清。帕拉塞尔群岛偶有中国和安南渔民造访，捕捞乌龟或采集珊瑚。帕拉塞尔群岛于 1816 年被安南嘉隆皇帝所兼并。再者，安南自 18 世纪以来一直关注这些岛屿，越南船只每年前往这些岛屿并专门成立一家公司收集海产品。

尽管如此，广东当局于 1909 年两度派员考察，并在群岛上升挂中国国旗；1920 年，帕拉塞尔群岛在行政上被划归海南岛管辖。但是，法国不顾这些主张，决定于 1938 年占领群岛，这一行动是征得当时正在对日作战的中国同意的，有关谅解是双方保留各自权利。日本在太平洋战争中的行为并不改变法律状况。法国（在本声明中）有意重申安南——而不是自身——对这一群岛的权利。照会还说，1816 年对帕拉塞尔群岛的兼并是依据 1816 年当时的国际法进行的，安南是一个不同于中国的法律主体，中国作为安南名义上的宗主国，不能从这一占领行为中获利。中国从未对帕拉塞尔群岛进行有效占领，越南的权利从未中断过，法国的占领一直持续到二战结束，由于根据1946年3月6日协议，越南的外部地位未定，因此由法国出面主张越南的权利。[69]

尽管这一法国外交部的官方立场文件跳过了20世纪30年代法国在国际法依据上的失利，但无法抹杀中国所实施的占领(以欧洲人的眼光看)符合当时的国际法这一事实，该事实已被法国外交部部长白里安在1931年6月16日照会中所接受，巴德旺和哈特曼也认识到这一点，且为法国政府所默认。照会直接跳到1938年法国经征得中国同意并在双方保留各自权利条件下占领帕拉塞尔群岛，此举旨在阻止日本在这一地区的推进。1939年，日本宣称兼并帕拉塞尔群岛和斯普拉特利群岛。

1959年的南越驱赶中国渔民事件引起英国内部

---

[69] 同上。

对帕拉塞尔群岛问题的进一步讨论。当时，南越海军巡逻艇将50多名中国大陆渔民强行驱离邓肯岛，后来又称他们只是"普通渔民"而将他们送回岛上。一些"共产党中国的人"曾出现在岛上，但南越人逼迫他们离开了。中国政府提出了抗议，不过"中国报纸并未渲染此事"。[70] 由于相互冲突的权利主张可能导致"难以处理和危险局面"，英国外交部决定自行审查各方主张。[71]

文献记录了许多令人熟悉的历史。值得注意的要点如下：提出权利主张和抗议的只是西贡政府和中华人民共和国政府。"中国在帕拉塞尔群岛的行动和有关主张没有引起河内方面抗议。"[72] 文献由此得出结论，中华人民共和国和南越：

---

[70]　就南越海军非法侵入中国西沙群岛，劫走82名中国渔民事件，中国外交部曾于1959年2月27日和1959年4月5日两度发表声明，载《人民日报》，1959年2月27日和1959年4月6日；另参阅吴士存主编，《南海问题文献汇编》，海南出版社，2001年，第53-55页。——译者注

[71]　FO 371/160143 China and Japan Research Department, 25 September 1959.

[72]　同上，para. 22.

“23. ……双方均对整个帕拉塞尔群岛主张权利，但每方仅占据其中一个或两个岛屿……中国渔民或许含有一些定居者，他们在群岛活动范围很广，中国人似乎主要集中在茂林岛(73)上。因此，令人怀疑的是，是否有一方对于整个帕拉塞尔群岛拥有法律上强有力的权利主张。另一方面又似乎每一方都可以被认为对其实际占领的岛屿拥有权利。

24. 英国对于帕拉塞尔群岛缺乏足够兴趣，因此从来没有以自己的名义提出权利主张，也未曾质疑其他各国的权利，只要中国不具有侵略性，英国大的方面说是默认中国权利主张的。现在的情景不同，越南人获得的有利之处是他们占据了一些岛礁，英国人认为他们不应被从这些岛礁上驱离。也许更为重要的是，不管怎样，越南面对中国，在捍卫或加强自己在帕拉塞尔群岛立场时，不应做眼高手低的事。”(74)

---

(73) 原文 Woody Island，系指中国西沙群岛的永兴岛。——译者注

(74) 同(72)。

这一文献在封面摘要中说，一方面越南人不应做眼高手低的事，另一方面“共产党中国把南越从这些岛屿上赶走不符合我们的利益”(75)。

1971 年 11 月英国内部对此进一步进行了重要讨论。事情起因是南越于 1971 年 7 月 15 日发表重申对帕拉塞尔群岛(和斯普拉特利群岛)主权的声明并于 1971 年 8 月 6 日抄送英国政府。外交部历史研究局南亚和东南亚处说，自 1959 年以来帕拉塞尔群岛并无大事发生，当年研究报告所述情况“合理准确”。而来自澳大利亚的一份备忘录则显示，1964 年年初，中国人在永兴岛积极活动，而越南人则在珊瑚岛活动。这一文件除复述中国和南越的权利主张外，还谈到了北越和英国的立场。关于北越，文件指出：

> “北越从未提出过权利主张。它现在也不太可能这样做，因为它于 1958 年赞同中国发表的领海声

(75) 同上。

明，其中特别提及中国对帕拉塞尔群岛的权利主张。”(76)

这份研究报告包含大量注释，引用许多现在开放可查核的外交和英联邦事务部档案文件。在英国宣布对帕拉塞尔群岛没有权利主张后，依据海军的资料，就英国的立场得出的结论是：帕拉塞尔群岛属于中国。除上述随附研究文件外，萨莉·莫菲特(Sally Morphet)表示：

“英国上一次对帕拉塞尔群岛的权利主张发表意见是在1957年。海军部于1957年2月致函外交部，其中提及帕拉塞尔群岛称，‘除《航海指南》(Sailing Directions)外，在我们的文件中有证据表明，在很长一段时间里我们默认中国对普拉塔斯群岛和帕拉塞尔群岛的所有权主张。’远东司(Far Eastern Department)

---

(76) FCO 51/246 RR 7/2. 研究局南亚和东南亚处萨莉·莫菲特，1971年11月19日致函石油部(Oil Department)亨特先生(Mr. Hunt)，同时抄送外交部东南亚司和远东司以及政策研究司远东处。

于同年 4 月致函北京称，‘我们默许中国对普拉塔斯群岛和帕拉塞尔群岛的权利主张’，还表示不建议质疑中国或其他国家的权利主张。”(77)

这一备忘录显然脱胎于 1957 年 2 月 14 日海军提供给外交部的一份报告。报告在深入研究海军记录后指出，邵汉成(Shao Hsung-Cheng)在一篇文章中提到的《中国海指南》，系指海军出版的《中国海指南》(China Sea Directions)，1894 年，第三版。此书并没有“展示”普拉塔斯群岛是中国领土，但确实说它们为中国渔民提供避风地。海军《航海指南》对帕拉塞尔群岛的描述为“……它们被中国政府于 1909 年兼并，而且常有舢板船造访”。海军报告继续说：“除《航海指南》(Sailing Directions)外，在我们的文件中有证据表明，在很长一段时间里我们默认中国对普拉塔斯群岛和帕拉塞尔群岛的所有权

(77) 同上，containing reference to at least two further Foreign Office documents of 1957, FC 1081/1 14. 2. 57 and FC 1081/4 11. 4. 57.

主张。”(78)

外交部在收到海军这一报告后，于1957年4月11日通过外交部办公厅向驻外使团发出以下信息并随附海军报告：“…… 我们默许中国对普拉塔斯群岛和帕拉塞尔群岛的权利主张……(我们) 不建议做任何干预当前争议的尝试……此函抄送华盛顿、新加坡、西贡、马尼拉、东京和淡水。”(79)

有关帕拉塞尔群岛的最后记录是关于中国于1974年1月将南越武力驱逐出帕拉塞尔群岛。研究局的备忘录很大篇幅是详细复述法国、南越(越南共和国)和中国(中华人民共和国、中华民国和清朝)的权利主张历史。(80)尽管此文侧重于分析中国驱逐南越人事件，然而不乏对英国立场演变的大量一般性评论，而且对北越立场可能改变也进行了评论。

英国始终回避在帕拉塞尔群岛所有权问题上公

(78) FC 1801/1.

(79) FC 1801/4.

(80) FCO 51/378 DS No. 15/75. Far Eastern Section, June 1975.

开表明立场，例外是"《中国海航海志》关于中国于1909 年兼并帕拉塞尔群岛的一项记载。《中国海航海志》是一份官方出版物"。[81]这一关于中国权利主张的历史还补充了 1909 年 6 月 10 日《南华早报》的一则报道，称"巡视各个岛礁并非为了兼并新的领土，而是为了重申中国对南海诸岛的权利主张"。[82]关于中国权利主张的历史，此文还增加了一件事。英国外交部图书管理员于 1920 年记录，"1912 年至 1913 年，大英帝国商人服务公会(一家提供灯塔的私人机构)曾推动在帕拉塞尔群岛上建造一座灯塔"。公会驻西贡代理人当时报告称，这些岛屿是中国的，"是 1909 年被吞并的"。[83]

研究局备忘录重申了英国在 20 世纪初的观点：

"13. ……显示的情况是中国对这些岛屿负有责任。20 世纪 20 年代，当法国意欲染指这些岛屿时，

---

[81] 同上，para. 12.
[82] 同上，para. 16.
[83] See note 78.

英国出于战略考虑倾向于反对法国而支持中国的权利主张。直到 1939 年日本兼并这些岛屿之前，这一直是英国的观点，海军尤其不愿这些岛屿落入法国之手。

14. 第二次世界大战结束以来，英国的主要关切是防止帕拉塞尔群岛争端引发重大国际事件。因此在 1959 年的事件中……英国指示驻西贡大使提醒吴庭艳总统，越南抓扣中国渔民包含着危险。在 1974 年 1 月发生冲突后，英国拒绝公开表明立场。"[84]

英国的最后评论是，中国的军事行动并没有加强其对主权的法律权利主张。按照《关于各国依联合国宪章建立友好关系及合作之国际法原则之宣言》规定，英国坚持"使用威胁或武力取得之领土不得承认为合法"的原则。报告总结称："因此，英国不情愿为中国对帕拉塞尔群岛的权利主张正式背书，因为除了新近行动之外，很难看出中国和越南

---

[84] 同上。

之间，谁的权利主张更强有力。"⑧⑤

关于北越立场，备忘录复述了上述 1959 年至 1961 年的有关评论，即作为法属印度支那的继承者，越南民主共和国(北越)可以提出权利主张，但"直到 1974 年表面上默认了中国的权利主张"⑧⑥。其中提及中国的 1958 年领海声明。"人们认为，北越不太可能挑战中国对这些岛屿的权利主张。"鉴于北越在中国采取军事行动后于 1974 年 1 月 22 日发表关于和平解决领土争端的公开声明，这个观点现在有疑问了。这一声明似乎想说，帕拉塞尔群岛是一个有待讨论的问题，且不表示支持中国或南越的权利主张。⑧⑦英国驻河内大使馆猜测，北越长时间保持沉默是因为它对中国依赖很大，不管怎么说，它乐得让南越去与中国斗。⑧⑧

---

⑧⑤　同上，para 49.

⑧⑥　同上，para. 10

⑧⑦　同上。

⑧⑧　FCO 51/378 RR 2/3 British Embassy Hanoi，14 March 1975 (J. A. B. Stewart).

英国外交部对法国和南越立场的评论有些谨慎却特别有意思。南越称，中国对于 1894 年和 1895 年在帕拉塞尔群岛发生的"贝罗纳"号和"姬路丸"号[89]失事船主索赔的处理方式表明，帕拉塞尔群岛从来就不是中国的。"据称，中国当局拒绝承担任何责任，并说这些岛屿不是海南的组成部分。"[90]英国保险公司曾尝试向英国驻北京公使寻求救济，因为船上货物受到中国海南岛渔民的劫掠。经查阅英国外交部记录，中国政府拒绝考虑保险公司的索赔要求不假，但原因是保险公司未遵守中国索赔救济规定，没有及时提出索赔并做出后续救助的努力。历史研究局的备忘录接着指出：

> "在伦敦，英国皇家法律官员提出，海南当局未能协助追回被盗的铜，对其索赔诉讼请求依然有效，

[89] 原档案如此。与 P173 档案记录有出入，从而进一步弱化南越的主张。

[90] 同上，para. 18.

但拖延太久则意味着不能再坚持索赔。在这些文件中没有任何内容表明中国否认对这些岛屿负有责任，当然也未提及法属印度支那当局对这些岛屿负有责任。”(91)

作为对这一资料的补充，英国驻北平公使馆1937年的记录表明，在19世纪末，即所谓中国于1909年占领帕拉塞尔群岛之前，帕拉塞尔群岛就被认为是中国的。北平公使馆查阅公使馆与清朝总理衙门的通信档案，在驻北平公使馆1937年5月24日致伦敦外交部的函中揭示一般性的评论如下：

“现在我们查阅了1899年公使馆和总理衙门之间的通信往来，未发现有关中国否认对帕拉塞尔群岛拥有管辖权的记录……

(91) 同上，papa. 19. 有一脚注说，在后来的出版物中，越南似乎放弃了把这一事件作为其依据。目前未能找到研究文件提及的皇家法律官员（Law Officers of the Crown）的法律意见原件。

仔细查阅驻北平公使馆的档案，并未发现任何有关中国政府（在1899年）否认帕拉塞尔群岛主权的记录，法国的观点可能源自广州海关关长语焉不详的言论。”(92)

在研究局报告中另有评论提及，法国曾于1932年和1939年就兼并帕拉塞尔群岛发布两项法令。法国在20世纪30年代曾在部分岛屿上驻军，在伍迪岛和陶拔托儿岛设立警察站，在拔陶儿岛上建立灯塔。(93)英国外交部注意到，中华人民共和国在申张权利主张时无视法国1932年的兼并行为，因为当时的中国政府“确实对法国颁布兼并这些岛屿的法令提出过抗议”。执政的国民党于1932年5月19日在《民国日报》上刊文，并于1932年8月3日在《世界日报》上再次刊文表示抗议。(94)对于法国1939年的兼

(92) FO 371/106143.
(93) 同上，para. 20.
(94) 同上，para. 28.

并行为，报告评论说，日本于1939年3月30日颁布法令，将斯普拉特利群岛和帕拉塞尔群岛并入日本帝国，法国随后于1939年4月18日颁布上述法令。(95)

在报告中另有部分谨慎评论提及越南对帕拉塞尔群岛的权利主张。评论称，越南说他们参加了旧金山和会并在会上提出对西沙群岛的权利主张。研究局备忘录接着写道：

> “目前无法在外交部出席和会正式记录中找到这样一份声明的痕迹。声明可能是在正式会议外发表的。*也没有任何迹象可以证明法国在1954年或之后将这些岛屿正式移交给越南共和国。*(原档案为斜体)很明显，越南共和国在1955年还有军队驻扎在部分岛屿上，而1956年法国驻马尼拉临时代办告知英国大使，法国仍然维持着对斯普拉特利群岛的权

(95) 同上，para. 21.

利主张，但对于帕拉塞尔群岛的权利主张已移交给越南。1974 年 1 月，法国外交部私下确认，他们认为法国对斯普拉特利群岛和帕拉塞尔群岛的权利主张均已失效，但无意就这两个问题中的任何一个发表公开声明。”(96)

(96) 同上，para. 23.

结　论

　　研究局的备忘录表明，尽管有一条意见相左的评论，[97]在英国和法国外交部看来，帕拉塞尔群岛自 19 世纪以来是中国的，并且过去也是。就法国而言，这个结论也许显得有些出人意料。但是，撇开一切，看一看权威的法国外交部部长白里安 1931 年 6 月 16 日写给殖民地事务部长大臣的长信。显然，他继续坚持他于 1921 年所采取的立场是正确的，即自 1909 年起法国已默认中国对帕拉塞尔群岛的所有权。法国 1931 年的权利主张不过是为了应对法国内阁(指殖民地事务部和印度支那政府)内部压力而采取的一项弃子策略。如果中国反对，法国并不打算执着地推动。白里安认为，具有同等权威的法律顾问朱尔斯·巴德旺的法律意见确认了自己在 1921 年

---

　　[97]　同上。指的是法国和南越在 20 世纪 40 年代末 50 年代初曾先后占领西沙群岛部分岛屿。备忘录接着确认中国长期确立的权利主张，甚至远在中国 1909 年巡视帕拉塞尔群岛之前的主张。

审查这一问题之时对法律情况的看法。另外，第二名法律顾问哈特曼在 1934 年 7 月的法律意见中也确认这一观点。

英国对法国于 1931 年迈出对帕拉塞尔群岛提出权利主张这一步感到震惊，从未接受这一点。他们认为这是用心不良，对中国落井下石的卑鄙之举。英国于 1971 年查阅档案，在海军 1957 年记录中找到当年发给所有驻远东地区使团的函件后，重申了自己的观点，即帕拉塞尔群岛是中国的。

1975 年的报告是外交部历史研究司（Foreign Office Historical Research Department）的文件，它未就帕拉塞尔群岛合法所有权得出结论，但大量有益信息反复指向中国拥有所有权。尤为重要的是，报告揭露了关于在 1899 年海难事件处理中所谓中国否认自己对帕拉塞尔群岛持有主权这一谎言。报告还提出一个观点，即法国未曾将帕拉塞尔群岛正式移交南越，北越（越南民主共和国）作为法属印度支那政府的继承者，可以提出权利主张，却默认了明确提及帕拉塞尔群岛的中国1958年领海声明。因此，越南民主共和国受制于禁止反言，不得挑战它业已承认的中国主权。

最后谈一谈关于国际法上使用国家档案的理论问题。主导理论是，国家的"思想"是看不到的，因此必须依靠国家的公开声明来判断。若是如此，法国政府说的背后隐藏着什么，英国政府缄口不言背后又隐藏着什么，这些都不重要。重要的是，作为公开意图的体现，他们要说的，本身是否构成公开意图并具有法律效力。这里说的是法国意图为中国时效取得设置障碍，英国希望避免卷入有关国家公开争议的尴尬。考虑国际法的主流意见，这可能是一个国际法庭当前审理问题的方式。尽管如此，本书档案研究表明，至少对于历史事件而言，理解两个国家想些什么并不存在困难。1931年，英法领导人完全确信帕拉塞尔群岛属于中国。法国外交部部长阿里斯蒂德·白里安和英国外交大臣阿瑟·亨德森对此心知肚明。此后法国犹豫不决、令人困惑的种种行为无法改变事实。档案揭示了两国真正的法律确信或 opinio juris[98]，这种法律确信才是国家重大法律实践的真正基础。

图书在版编目（CIP）数据

南海的历史与主权 / （英）安东尼·卡蒂著；王祥，武巍，拾壹译.——
北京：新星出版社，2023.11
ISBN 978-7-5133-5374-8

Ⅰ.①南… Ⅱ.①安… ②王… ③武… ④拾… Ⅲ.①南海诸岛 – 历
史②南海 – 主权 – 研究 Ⅳ.① K296.6 ② D993.5

中国国家版本馆 CIP 数据核字（2023）第 208453 号

南海的历史与主权

[英] 安东尼·卡蒂 著
王祥 武巍 拾壹 译

选题策划 邹懿男		**责任编辑** 姜 珊	
特约顾问 周 健		**责任印制** 李珊珊	
审 校 华 楠		**装帧设计** 宣是国际	
封面设计 尚世视觉			

出 版 人 马汝军
出版发行 新星出版社
　　　　　（北京市西城区车公庄大街丙 3 号楼 8001　100044）
网　　址 www.newstarpress.com
法律顾问 北京市岳成律师事务所
印　　刷 北京美图印务有限公司
开　　本 787mm×1092mm　1/32
印　　张 8.25
版　　次 2023 年 11 月第 1 版　　2023 年 11 月第 1 次印刷
书　　号 ISBN 978-7-5133-5374-8
定　　价 48.00 元

总机：010-88310888　　传真：010-65270449　　销售中心：010-88310811